# 跨境电商：

# 数字经济第一城的新零售实践

周广澜　苏为华 著

浙江工商大學出版社
ZHEJIANG GONGSHANG UNIVERSITY PRESS

·杭州·

**图书在版编目(CIP)数据**

跨境电商：数字经济第一城的新零售实践／周广澜，
苏为华著. — 杭州：浙江工商大学出版社，2020.6
　　ISBN 978-7-5178-3673-5

　　Ⅰ. ①跨… Ⅱ. ①周… ②苏… Ⅲ. ①零售业—电子
商务—研究—杭州 Ⅳ. ①F724.6

　　中国版本图书馆 CIP 数据核字(2020)第 020512 号

## 跨境电商：数字经济第一城的新零售实践
KUAJING DIANSHANG：SHUZI JINGJI DI-YI CHENG DE XIN LINGSHOU SHIJIAN
周广澜　苏为华　著

| | |
|---|---|
| **责任编辑** | 谭娟娟 |
| **封面设计** | 林朦朦 |
| **责任印制** | 包建辉 |
| **出版发行** | 浙江工商大学出版社 |
| | (杭州市教工路 198 号　邮政编码 310012) |
| | (E-mail：zjgsupress@163.com) |
| | (网址：http://www.zjgsupress.com) |
| | 电话：0571-88904980,88831806(传真) |
| **排　　版** | 杭州朝曦图文设计有限公司 |
| **印　　刷** | 杭州高腾印务有限公司 |
| **开　　本** | 710mm×1000mm　1/16 |
| **印　　张** | 10 |
| **字　　数** | 158 千 |
| **版 印 次** | 2020 年 6 月第 1 版　2020 年 6 月第 1 次印刷 |
| **书　　号** | ISBN 978-7-5178-3673-5 |
| **定　　价** | 39.80 元 |

# 总　序

从 70 年前毛泽东同志在天安门城楼上庄严宣告中华人民共和国成立，到如今社会主义中国巍然屹立在世界东方，中华民族再一次创造了人类历史上的伟大奇迹。 站在 2019 年的时代节点，回顾以往，梳理总结中华人民共和国成立 70 年以来的发展经验，开辟国家富强与民族复兴之新境，是时代赋予中华儿女的责任。

钱塘自古繁华，文明薪火相传。 浙江是中国革命红船启航地、改革开放先行地、习近平新时代中国特色社会主义思想重要萌发地。 浙江这 70 年的发展，是全方位的发展，更是特色鲜明的发展。 特别是改革开放以来，浙江一直是当代中国发展的潮头阵地，"温州模式""义乌模式"等彰显了当代浙江经济、社会发展的巨大成就；20 世纪 90 年代以来，以马云为代表的浙商更是创造了浙江发展的新景观：作为浙江省会的杭州已经发展成为世界电子商务中心、全球移动支付大本营、"一带一路"倡议与"长三角一体化"发展战略的交会地。

当代浙江在各个领域取得的成就为世界瞩目，这种成就既得益于中华优秀文化，也得益于之江山水所培育的浙学传统。 浙学传统是涵养浙江精神的源头活水，也是促进浙江当地社会文化与经济发展的文化力动因。 浙商文化是浙商之魂，崇义养利的价值逻辑、知行合一的认知逻辑、包容开放的行为逻辑，促使一代又一代浙商搏击商海、乘风破浪、勇立潮头，闯出了敢为人先的新路，书写了创业创新的传奇，承载了浙江发展的荣光。 义利相和、知行合

一、创新融汇的浙学特质是浙商精神的深层文化内蕴。 从"走遍千山万水、吃尽千辛万苦、说尽千言万语、想尽千方百计"的"四千精神"，到"千方百计提升品牌、千方百计保持市场、千方百计自主创新、千方百计改善管理"的"新四千精神"，再到以"坚忍不拔的创业精神、敢为人先的创新精神、兴业报国的担当精神、开放大气的合作精神、诚信守法的法治精神、追求卓越的奋斗精神"为内涵的新时代浙商精神，都已融入浙商群体的血脉里，化作浙商群体的优秀基因，促使浙商跨出省界、国界，成为具有全球影响力的商帮。 而浙商世界化及随之而来的浙学传统、浙江精神的世界化，实质上也表征了中华文化走向世界、中国经验走向世界的文化景象。

"国家当富强，始基端在商。"浙江工商大学作为浙江省重点建设大学，同时也是省政府与教育部、商务部共建的大学，总结浙商发展、传承浙商文化、引领浙商发展，是它的天然使命。 我们不会忘记，100多年前浙江工商大学的先贤们在实业兴国呼号中为实现救亡图存、国富民强的创校初心；我们不会忘记，15年前时任浙江省委书记习近平在视察学校时对学校提出要在"全国有位置、全省很重要"的殷切期望。 而今，把大商科人才培养好，让学校早日进入"双一流"建设大学的行列，既是全体商大人的历史担当，也是全体商大人的共同梦想。 作为浙江工商大学的学者，我们当然要总结和记录浙江70年的发展历程，以及浙江70年围绕"商"的发展历程。 为此我们设计和组织编写了"中华人民共和国成立70周年浙商研究院智库丛书"，梳理、总结浙江70年以来在"商"领域所取得的成就、收获的经验。

《勇立潮头：浙江高水平现代化建设研究》一书介绍了浙江高水平现代化建设的经验和成效。 近5年来，浙江现代化建设规模不断扩大，质量不断提升，创业生态环境不断优化，就业工作成绩显著。 站在新的起点上，该书系统总结了浙江高水平现代化建设的经验，并面对新的矛盾和挑战、新形势、新变化，提出了相应的政策建议，为实现浙江"高水平全面建成小康社会和高水平推进社会主义现代化建设"的目标提供参考。《浙江省新型政商关系"亲清"指数研究》一书总结了浙江在构建新型浙商关系方面的经验，构建了浙江新型政商关系"亲清"指数的指标体系，并对浙江11个城市进行指数评价，为浙江"亲清"政商关系优化提供了改进方向。《亲清政商：寻求政府与商会的策略性合作》一书系统回顾了中华人民共和国成立以来我国政府与商会关系发展的历史脉络与演进逻辑，从 3 个方面提出政府与商会"策略性合作"的分析框架，并站在历史新起点上提出政府与商会展开合作治理的路径。

《大国经贸：新国际贸易冲突理论构建与中美经济关系》一书建立和发展了适应世界经济发展形势和生产技术水平的新贸易冲突理论，以更好地解释中美国际贸易摩擦及 21 世纪国际贸易冲突问题，在重构全球贸易规则和经济贸易体制、促进世界经济贸易格局的健康发展等方面提出了相应建议。《跨境电商：数字经济第一城的新零售实践》一书深入探讨了杭州跨境电子商务综合试验区的成功经验，总结了杭州在解决数字经济体制性难题方面的先行先试经验，为基于大数据分析的政府管理创新提供经验借鉴，以推进杭州成为"世界商店"在中国的主窗口，成为中国数字经济第一城。《卓越流通：数字经济时代流通业高质量发展与浙江经验》一书在全面回顾我国电子商务及跨境电商发展历程、趋势与动因的基础上，从微观、中观和宏观的角度系统阐述了跨境电商的相关理论；在总结我国跨境电子商务综合试验区试点成效与存在问题的基础上，系统阐述我国跨境电子商务综合试验区试点的主要内容和实践创新。

《撬动全球：复杂制度环境下浙商海外直接投资研究》一书梳理了浙商全球化发展的文化、经济与政策环境，总结了浙商海外直接投资所取得的成就及在合法性获取和高端资源获取方面的经验，并提出了浙商海外直接投资高质量发展的具体策略。《品质民生：浙江民生服务的创新与发展》一书以全球公共服务改革为基本背景，系统总结分析了浙江省自中华人民共和国成立以来在民生方面的发展历程、发展的阶段性特征和取得的主要成就，系统阐述了近 70 年来尤其是 21 世纪以来在民生方面的创新实践，并对未来构建以人民为中心的高质量发展型服务体系提出了框架性展望。《文旅融合：理论探索与浙江产业发展实践》一书从理论上建构了文化产业与旅游产业的耦合机制与模式，并利用翔实的案例分析了文化产业和旅游产业耦合发展的问题及解决对策。

百余年前，历史风云如澎湃的钱江大潮汹涌而来，留学东京的蒋百里为《浙江潮》撰写的发刊词，成了鼓舞人心的战斗号角。 其中写道："可爱哉！

浙江潮。挟其万马奔腾，排山倒海之气力，以日日激刺于吾国民之脑，以发其雄心，以养其气魄。二十世纪之大风潮中，或亦有起陆龙蛇，挟其气魄，以奔入于世界者乎？"青春的追问与腾飞的梦想依然在天空回荡，它折射出历史的光彩，唤醒了记忆，让人缅怀。令人欣慰的是，中华人民共和国成立70年以来，浙江的实践与发展成就对此做出了最好的回答。我们为浙江的今天而振奋，也期待浙江的明天更美好。

虽然是系列丛书，但是我们并不追求面面俱到，而是利用浙江工商大学的研究积累对浙江70年"商"的特色进行了基于不同角度的透析。在总结浙江经验的同时，我们更希望这些经验能够为浙江未来的高质量发展提供借鉴。

是为序。

陈寿灿

2019 年 11 月 30 日

　　本专著为国家社会科学基金重大招标项目（16ZDA053）"基于大数据的跨境电子商务统计监测、评估与监管体系研究"阶段性成果。

# C目录
## ontents

# 1

## 绪　论

随着中美贸易摩擦日益升级，传统外贸在美国贸易保护主义和民粹主义抬头的经济社会背景下面临着知识产权和关税壁垒。贸易争端对中国外贸乃至全球贸易带来极为不利的影响，因而跨境电商作为"互联网＋"时代下能够应对危机的新手段、新方式、新工具颇受青睐。

2015年，中国（杭州）跨境电子商务综合试验区是我国第一且唯一的跨境电子商务综合试验区（以下简称"跨境电商综试区"），也是国务院批复在杭州实施的首个国家战略，它承担着跨境电商改革创新的任务。随后国家在2016年和2018年分别批准建立了一批跨境电商综试区，形成"1＋12＋22"的跨境电商综试区雁阵。杭州作为全国跨境电商经验的输出地、发源地，发挥着"头雁效应"。

本书拟从中国（杭州）跨境电商综试区的角度，着力对监管政策，国际合作模式，通关、退税、结汇等业务流程，支付、物流、权益保护等技术标准之中的体制性难题先行先试，推动中小微企业转型升级，促进我国产业转型，为基于大数据分析的政府管理创新提供经验借鉴，同时助力杭州成为"世界商店"在中国的主窗口，成为中国数字经济第一城。

## 1.1 国内外研究现状

### 1.1.1 国内外相关研究梳理

（1）跨境电子商务发展环境、基础设施良好

①在全球发展趋势层面。 邓富华和霍伟东（2017）介绍了跨境电子商务国际发展趋势的环境基础。 Yao & Whalley（2016）通过对上海自贸区的发展评估揭示跨境电商的机遇，得知跨境电子商务的发展对促进传统外贸发展的作用（郭四维，2018；石良平，王素云，2018），有助于促进我国企业在全球价值链中的地位提升和产业转型升级（来有为，王开前，2014；马述忠，张洪胜，王笑笑，2017）。

②在基础设施层面。 沈国兵（2018）阐述了在中美经贸摩擦升级下中国跨境电子商务方面的对策。 为此，柴跃廷、于潇和王璨（2018）规划设计了跨境电子商务综合服务平台的总体结构与功能，进一步研究建立了全球性跨境电子商务综合服务体系。 Song（2018）规划设计了跨境电子商务进口综合服务体系模型。 Ma（2018）利用 BizArk 的跨境电子商务托管服务数据库，构建了中国出口电子商务的繁荣程度和风险程度指数。

③在法律政策层面。 鉴于政策法规与跨境电子商务贸易发展关系密切（杨云鹏，杨坚争，张璇，2018），赵骏和干燕嫣（2017）建议通过立法来确立国际经贸中跨境电商的规则，以及新常态下跨境电商的政策设想（Chen，2017；汪旭晖，李璐琳，2018）。 李晓龙和王健（2018）探索了 eWTP 框架下跨境电子商务的新规则。

（2）跨境电子商务发展势头迅猛，相关研究内容覆盖面广

①运营软环境方面。 跨境电子商务作为电子商务领域中最具发展潜力的一个分支，发挥着越来越重要的作用（杨坚争，2015；Kwak，2019）。 柴跃廷、于潇和刘镇铭（2018）规划设计了电子商务可信交易保障公共服务平台的总体结构与功能，为进一步研究建立"规范管理、精准巡查、社会共治、协

同执法"的电子商务市场规范、服务与监管模式奠定了基础。赵保国和胡梓娴（2017）基于系统动力学预测了 B2C 跨境电商进口交易趋势。苏为华和王玉颖（2017）基于跨境电子商务综试区的概念框架，对其中的基础能力水平、服务支撑水平和发展潜力水平进行了综合测度。

②软服务层面。Duca et al.（2011）考察了跨境电子商务发展引发的交易纠纷环节，提出了构建全球跨境电子商务在线纠纷解决系统。Alm（2012）基于 eBay 平台交易数据分析跨境电商税收的影响。Maskus & Yang（2018）强调了在跨境电商活动中的知识产权保护问题。Azar（2016）检验了文化对跨境贸易绩效的作用机制。Lkhaasuren（2018）调查了国家形象和文化内容偏好对消费者的影响。

③企业平台方面。杨坚争和王林（2016）通过采集全国四大自贸区企业的数据构建了跨境电子商务绩效识别模型。Xue, Li & Pei（2016）回顾了市场增长、政策推动、生态系统优化、跨境电子商务服务技术、价值链等方面的进展。Wu（2016）检验了在新兴市场国家跨境企业的绩效表现。Vahtera & Buckley（2017）阐释了情感、文化等方面对跨境企业的影响。马述忠、陈奥杰（2017）建立了描述生产企业利用贸易中介和跨境电子商务 B2C 渠道开展出口贸易的理论模型，并对中国跨境电商上市企业的综合绩效进行评价（马述忠，陈丽，张洪胜 2018）。Kim（2018）和 CHO（2017）探讨了韩国跨境B2C 模式（海外直购）在平台拓展和进入海外市场方面的战略。

（3）跨境电商模式丰富，研究前景可期

①在企业层面。Shao（2016）从经济角度分析了跨境电子商务所面临的物流问题。Giuffrida（2017）分析了大中华地区的跨境物流形势。张林凤（2017）根据 SERVQUAL 量表、LSQ 模型构建了跨境电子商务物流服务质量的指标体系。Hsiao（2017）研究应用 ICE 方法来推导跨境物流服务 CBLS（Cross Border Logistics Service）的发展思路。Kim（2018）根据出口物流配送的重要性及其在 B2C 跨境电子商务中被利用程度的提高，导出了选择最优物流配送方式的评价标准。张夏恒和张荣刚（2018）构建了基于跨境电子商务跨境物流复合协同系统。

②在个人模式层面。Valarezo（2018）探讨了个人使用跨境电子商务

（Cross Border E-Commerce，CBeC）的决定因素。 Gomez-Herrera（2014）等认为，距离、语言、包裹交付和在线支付是影响跨境电子商务的重要因素。Miao & Jayakar（2016）勾勒了移动支付在中日韩三国的跨境贸易中所起的作用。 由于在跨境电子商务小额贸易中的商品一般具有体积小、重量轻、不易损坏和不易过期等典型特点（Yousefi，2015），李凌慧和曹淑艳（2017）和Han（2019）从消费者购买决策影响因素出发，对跨境进口零售电商经营策略提出了建议。 马述忠、濮方清和潘钢健（2018）创新了跨境零售电商信用管理模式，实行对各参与主体的信用情况进行动态认证的管理方案。 Valarezo（2018）亦讨论了开发数字技能的措施、互联网信任及商品和服务的在线信息评论的使用。

### 1.1.2 研究简评

（1）内容上

我国跨境电商研究领域尚处于快速发展时期，由于发表周期较长，尽管是最新文献，但探讨的问题多已过时，研究结果应用价值不大。 因此，关于国家监管政策的研究的时效性有待加强，技术领域相关规律也有待进一步发掘验证。

（2）视角上

我国跨境电商研究热点分布不均，研究领域有限，尚存较多空白。 当下研究多集中在物流、支付等发展表层的困境上，高水平研究成果相对较少，跨境电商战略协同、政策创新等诸多方面仍有待研究拓展，且在研究深度和高度上有待提升。

（3）对象上

在中国主要是通过政府监管创新与服务提升加快跨境电商发展，同时考虑到各国国情、法规、政策不同，且已有国外跨境电商研究成果多集中于个别国度且不成体系，对发达国家先进经验的应用尚存不足或者无法直接参考，导致国际经验借鉴不足。

（4）层次上

目前研究多将跨境电商看作"电商＋贸易"的简单叠加。 其实，在对跨境电商研究的过程中涉及用互联网思维、信息化技术工具来改造传统贸易产业，需要变革其中的技术、方法和流程等一系列活动。这就要求跨境电子商务业务的发展要以战略为指导来做顶层设计，在新的领域创造一种新的跨境电子商务生态。

### 1.1.3 研究价值

（1）学术价值

第一，透视跨境电子商务报表体系、统计口径标准制定，有利于跨境电子商务流通统计、对外经济贸易统计等学术领域研究的延伸。

第二，对跨境电子商务政策设计、国际合作、产业培育和消费者权益保护等内容的探索，是对公共政策、国际问题、产业经济、知识产权等学科的丰富与发展。

第三，深化跨境电子商务监管体系、培育环境、促进办法、创新方案，是对电商、公共管理、国际贸易等理论的有益补充。

（2）应用价值

第一，服务国家战略。面对全球经济贸易发展不稳定的现象，通过法律法规、政策制度等方面的顶层设计研究，使得跨境电子商务方面的成功经验带动制度体系的再造、商业模式的创新和产业水平的提升，为"互联网＋"等国家战略服务。

第二，促进产业发展。为跨境电子商务提供良好的发展环境，有利于带动我国智慧服务业和现代制造业的发展，加快我国产业（特别是民营经济）结构转型升级的步伐，提升我国进出口产品的竞争力。

第三，指导部门实践。为商务部外贸司、财政部关税司、海关总署监管司、国家税务总局货劳司等开展政策创新和方案制订提供决策依据，可以将先行试点的跨境电商综试区初步探索出的相关政策体系和管理制度在全国范围推广，为跨境电商营造良好的发展环境。

第四，增强国际话语权。在当前中美贸易摩擦日益严峻的背景下，全球经济增长和贸易投资格局正在进行深刻调整。跨境电子商务的健康发展能够有效打破渠道垄断，为我国企业开拓海外市场、提升品牌的知名度、创造国际发展空间提供有效途径。

## 1.2　研究内容

### 1.2.1　问题的提出

跨境电子商务的快速发展成为中国经济增长新引擎。 近年来，跨境电子商务逐渐成为中国经济发展的新动力，是全面实现我国由"贸易大国"向"贸易强国"转变的最主要手段，也是供给侧改革的重要途径之一。 自 2012 年以来，国家发改委、海关总署等部门先后批准设立了多种形式的跨境电子商务试点示范项目，出台了一系列的扶持政策，跨境电子商务的发展逐渐上升为国家战略。 2015 年 3 月 5 日，李克强总理在做政府工作报告时指出，要"推动外贸转型升级"，特别是要"实施培育外贸竞争新优势的政策措施，发展外贸综合服务平台和市场采购贸易，扩大跨境电子商务综合试点"。 2015 年 3 月、2016 年 1 月和 2018 年 7 月经国务院批准分 3 批设立了 35 个跨境电商综试区。 在综试区的示范引领和通关、检验检疫、税收、结汇等优惠政策的推动下，跨境电子商务交易额继续呈现逆势增长态势。

阿里巴巴原董事局主席马云在 2016 年博鳌亚洲论坛上提出的 eWTP（Electronic World Trade Platform，世界电子商务贸易平台）引起了世界各国的广泛关注，已在 2016 年 9 月 3 日召开的 B20 峰会上纳入政策建议中。 该建议在 G20 峰会上获得了与会国家领导人的积极响应，并列入了《G20 杭州峰会公报》（第 30 条）。 这意味着跨境电子商务将对完善全球经济治理、创新发展方式、挖掘增长动力产生了重大作用。

### 1.2.2　研究对象

本书立足国家的发展需求、政府部门的监管需求、跨境电商企业的服务需求和个体的权益需求，以跨境电子商务活动为研究对象。 具体对象包含跨境电商环节中政策创新、制度建设、统计监测、信用体系、风险防控、权益保护方面的调查、评估和决策。

### 1.2.3 研究框架

### 1.2.3.1 国家宏观层面:构建政策法规支撑体系

跟进国家《电子商务法》的实施,以国家法律指导跨境电商发展。 针对国内电商与跨境电商不同之处,密切跟踪关注实施中出现的新情况和新问题,加强协调和反馈,适时出台地方条例,促进发展。

在中美经贸问题的大背景下,探索全国自贸区与跨境电商综试区协同发展模式,着力推动数字贸易自由便利发展。 联合商务、财政、海关、外汇、税务等多部门探索跨境电商新一轮扶持政策举措,优化营商环境。

探索跨境电商 B2B 从事前监管向事后监管转变新举措,深化通关便利化。 探索 B2B2C 海外仓模式下的增值部分阳光化收汇,实践"企业自证"模式,提升收汇效率。 研究"无票免税"所得税税前抵扣政策,深化跨境电商保税出口最优化。

搭建私人部门与公共部门的合作交流平台,运用智慧化手段科学配置监管资源,强化各个部门的协作互动和交流合作。 探索不同国家间商品、物流与资金数据的流动标准与流动准则,为跨境电商的全球化发展营造有效的政策和商业环境。

### 1.2.3.2 政府层面:构建跨境电商综试区评价体系

在实时风险预警及控制的基础上,探索制定适应跨境电子商务发展的综试区评价体系,构建跨境电子商务实时量化监管体系,实行风险分类分级管理。 鼓励发展特殊监管区出口模式,运用保税出口叠加海关仓储货物按状态分类监管政策。

链接监管部门、电商平台、金融部门、物流部门等数据服务机构,不断扩大数据归集的规模,提升数据应用服务能力。 推进通关一体化,建立无纸化申报、数据化监管、在线化服务新模式,运用新技术提高口岸通关效能。

探索 eWTP 标准体系、贸易方式及合作模式,在智慧物流枢纽、普惠金融、新零售等新经济领域加强探索实践,形成连接全球数字贸易的"一带一路"经济共同体。

### 1.2.3.3 产业层面:培育中国跨境电商生态圈

系统梳理出中国跨境电子商务对自主品牌的带动作用,以及生态圈各构成要素的发展阶段特征、趋势、存在的问题及制约因素。探索新型跨境电商平台生态内部关系,不断鼓励支持社交电商等多业态模式融合发展,运用数字技术创新跨境电子商务 B2B、B2C、B2B2C、M2C、M2B2C 等交易模式。

引导企业运用各类法规和外部基础数据,提升在信用体系中的排位级别,充分利用信息化管理手段和技术整合物流、海关、支付、税务等数据,实现海关、快递公司、银行或支付机构、税务机关等系统的互联互通,提高贸易真实性审核的效率和准确性,并促进跨境电商业务领域互利共赢的良性循环。

### 1.2.3.4 个体层面:探索构建跨境社交电商影响力体系

建立多层次、便利化的跨境社交电商影响力体系,确立跨境电商中网红模式的有效协调与衔接机制。建立判断模型,提升跨境消费口碑效应,丰富跨境电商场景。推广创新平台网络营销方式,制定差异化品牌营销策略。通过大数据分析关键词热度、消费者行为和市场趋势,提升品牌曝光度和精准度,推动特色产业带加快品牌化发展。

依托跨境电商人才培养问题导向,进一步充分发挥各类主体的作用,开展跨境电商平台定向培养活动,使政府、企业、高校、社会(即社会组织,如协会、联盟、培训机构等)等方面各就其位,各谋其政,多力合一,形成完整健康的跨境电商人才生态圈,保障人才培养模式长远发展。

## 1.2.4 重点与难点

### 1.2.4.1 重点

(1)如何聚焦贸易便利

即如何在现有法律框架下,根据各地试点情况,继续推进贸易投资自由化与便利化,打造开放高效的数字口岸,营造良好的营商环境,促进经济平稳健康发展。

（2）如何推动质量共治

即如何继续加强跨境电子商务中商品质量安全风险监测建设，实施更加便利的措施支持信用优良企业提高市场竞争力，推动政府与企业共同管理商品质量。

（3）如何集聚生态功能

即深入分析跨境电子商务企业运营、政府监管和市场培育体系建设中面临的挑战与发展需求，探讨如何打造全球跨境电商贸易发展交流平台，促进跨境电商生态最优。

### 1.2.4.2 难点

（1）如何协同治理

即如何加强与自贸区等特殊监管区的合作，并在税收政策、外汇金融、信息共享等方面协同发展，大力培育外贸新动能新优势，打造新型贸易中心。这些涉及的内容繁多，且阐释有难度。

（2）如何融合互通

在探索与有关国家和国际组织的合作机制，配合"一带一路"打造跨境电商战略枢纽地位，架设跨境电商数字贸易国际合作圈方面，尚无国际经验可循。

（3）如何落地执行

跨境电子商务活动监管涉及海关、税务、外汇、财政、商务、发改、交通、金融、市场监督等诸多部门的职责，将本书研究的成果进行有效转化并完全形成国家政策、条例和制度，有一定难度。

## 1.3 本研究的基本思路、具体研究方法和可行性

### 1.3.1 基本思路

（1）制度建设方面

创立一套新型的融合海关（检疫）、税务、外汇、商务、工商（质检）和

物流、信用等符合跨境电商发展需求的监管服务体制，提炼出成熟、先进的跨境电商保障技术和管理经验，供商务部向全国推广。

（2）政府管理方面

探索建立与跨境电子商务相适应的行政管理体系，形成一套指导意见、管理办法并争取经过地方人民代表大会授权，实现政府管理部门之间的"信息互换、监管互认、执法互助"。

（3）生态服务方面

实现信息流、资金流、货物流"三流合一"及线上交易自由与线下供应链综合服务有机融合，为跨境电商企业提供便捷高效的金融、物流、信用、人才、数据等综合服务，构建良好的跨境电子商务发展生态环境。

### 1.3.2 研究方法

本书的主要研究方法有：

（1）文献研究法

针对政府促进跨境电子商务发展的政策和监管内容、方法和特点等进行文献梳理，对监管法规、政策进行分类，通过文献检索和实地考察收集国内外相关研究成果，从产业链纵向层次和行业法规政策等角度进行整理、归纳和总结。

（2）问卷调查法

向跨境电子商务企业发放问卷，调查业务模式、运营方式和企业统计信息基础状态，向政府监管部门提出调查监管需求、监管建议和监管盲点等，以便推出在出口报关表单上设计相关字段方便系统识别，推进跨境电商部门数据共享、协同监管等措施。

（3）访谈调研法

到跨境电子商务代表性企业、监管部门访谈和调研，了解、总结和提炼试点地区的实际需求、做法和经验，以便向全国推广。

（4）比较分析法

对发达国家（地区）自由贸易港成熟的监管方法、内容、制度环境差异等进行深入的比较分析，探讨中国跨境电子商务监管创新可参考的经验和模式。

### 1.3.3　可行性

（1）外部合作密切

进行本书研究的课题组与商务、海关、发改、财税、外汇、市场监管、统计、综合保税区等各级政府部门，中国世界贸易组织研究会、商务部研究院等研究机构，中国顶级跨境电商公司，拥有良好的合作关系，它们从监管设计、行业实践的角度指导本研究的顺利开展。

（2）成员结构合理

课题组成员拥有高校、政府、企业、科研方面的工作经验，符合课题研究所需的专业与实践背景要求，成员具备良好的沟通经验或能力。

（3）研究经验丰富

课题组拥有大量的政府、行业、学术等领域的专家，答复过多个省部级领导的批示，形成并出台了跨境电商扶持政策，建言过全国多个跨境电商综试区实施不同方案，协助起草过多个标准、制度创新清单供国家部委参考。

## 1.4　创新之处

第一，时代感强。契合国家跨境电商战略，持续推进对外开放，促进外贸转型升级，具有一定的时代性。

第二，对象新颖。依托全国首个跨境电商综试区，深层次探索监管体系创新方案，具有一定的创新性。

第三，内涵丰富。在跨境电商驱动贸易变革的环境下，在国际、国家、政府、企业等各个层面，从管理学、经济学、法学、统计学入手，多方位、多角度推进跨境电子商务战略的制定，确保研究路径通畅。

第四，指导性强。课题组所提出的政策建议，拟经过财税、关务、国贸等部门的外部专家的综合论证，国家主管部委的审阅，操作性、实用性更具信度和效度。

## 1.5 预期社会效益

（1）提升行政效能

作者常为国家跨境电子商务运营部门、业务主管部委制定政策方案提供决策依据，因此课题组初步探索出的相关政策体系和管理制度可用于指导部门实践，并向全国范围推广。

（2）推动学科发展

以参加学术论坛、专题报告形式宣讲和解读政策，加强政产学研交流，共同推动学术进步。

（3）创新发展模式

制定并完善跨境电子商务交易规则和行业标准，实现经营规范化、管理专业化、物流标准化和监管科学化的跨境电子商务发展模式。

# 2

# 文献综述

## 2.1 跨境电子商务发展与趋势概述

### 2.1.1 跨境电子商务的定义和特征

（1）跨境电子商务的定义

尽管在学术层面上对跨境电子商务（Cross-border E-commerce）尚无明确、精准的定义，但从大众认知及业务实践的角度来看，跨境电子商务基本指的是处于不同关境的交易主体，通过跨境电商平台达成交易、进行支付结算，并采用快件、小包等行邮的方式通过跨境物流将商品送到顾客手中的商务活动。通常，跨境电子商务从海关的角度来说就相当于在网上进行小包的买卖，基本上针对的就是 C 类个人消费者。从严格意义上讲，随着跨境电商的发展，跨境零售消费者中也会含有一部分大 B 类商家和进行碎片化小额买卖的小 B 类商家用户，但在实际情况下，很难区分小 B 类商家和 C 类个人消费者，也很难对小 B 类商家和 C 类个人消费者之间的区别做严格的界定，因此，一般从整体上看，把针对小 B 类的那部分销售也归属于跨境零售部分。

根据组成形式，跨境电子商务可分为进口电子商务和出口电子商务。

进口电子商务指的是生产、贸易企业或个体企业通过电子商务的手段，将境外的产品销往我国境内的企业或个人的商务活动。如以天猫国际、京东海外购为首的大型电商，每年从海外采购国外商品，然后销往我国。

出口电子商务指的是生产、贸易企业或个体企业通过电子商务的手段，将境内的产品销往境外的企业或个人的商务活动。如国内许多本土企业（浙江执御、全麦网等），通过电子商务的方式，每年将大量的商品销往境外。

（2）跨境电子商务的特征

跨境电子商务具有以下特征：

第一，全球性。跨境电子商务具有全球性和非中心化的特征。现代跨境电子商务受到地域的限制，规模较传统的电子商务小。但通过先进的物流体系，跨境电子商务可以在全球范围内展开贸易。

第二，无形性。数字化传输是通过不同类型的媒介在全球化网络环境中集中进行的，这些媒介在网络中是以计算机数据代码的形式出现的，因而是无形的。因此，数字化产品和服务基于数字传输活动的特性也必然具有无形性。

第三，匿名性。当今跨境电子商务中，有较大比例的交易是在匿名情况下进行的，交易双方一般不知道对方的信息，故具有匿名性。

第四，即时性。随着信息化程度的提高，现在电子商务的购买、支付等活动均可以在网上进行，客户可以在数分钟内完成下单、付款等一系列流程。与传统商务相比，电子商务大大缩短了交易需要的时间，具有即时性。

第五，无纸化。现代电子商务均在网上进行，信息资料均存储在系统中。传统商务的纸质合同等纸质化文件在现代电子商务中不再盛行。第三方平台往往成了交易的公证方。

第六，快速演进。现代跨境电子商务的发展日新月异，从卓越网的网上直销，到各种国内跨境电子商务平台的构建，我国跨境电子商务处在快速发展时期，变化速度很快，这极大地改变了原有的贸易方式。

### 2.1.2 跨境电子商务的发展情况

（1）跨境零售电子商务的发展历程

对中国跨境电子商务的发展历程，要回顾近些年发展较好的海外托运和代购行业，大致可以分为以下 4 个阶段（张钰，2018）：

第一阶段：国内消费者如果需要购买跨境商品主要通过出国旅游、工作访问的空当购买或者由空乘人员、出国导游、留学生等有访问海外机会的人帮忙购买，这些代购群体和购买者基本上都是经过别人介绍认识的，或主要是亲朋好友。 这些人群一般是在建立了信任的前提下相互联系的，但这种代购涉及的范围比较小，只有少数人群受用。

第二阶段：出现了职业或者兼职的代购人群。 这部分人群依靠新兴的电商、微商来推广业务，主要是有机会出国的空乘人员、导游、留学生、国外工作人员，他们的目的是靠代购提高收入，同时帮助部分朋友购买到国外实惠优质商品，物品主要通过快递、邮政物流等发往国内。 此时，主要是一些以海淘为职业的个体从业者在经营着跨境电商。

第三阶段：各种专业性的跨境电商网站、代购论坛出现了，这其中包括国外很多可以直邮商品到中国的网站。 由于各大电子商务公司看到了跨境电子商务市场的广阔前景，都加快布局这个行业。 在这个阶段，跨境交易的商品处于监控的灰色地带。 此时，跨境商品的物流渠道大都是以买家个人物品的名义少批量入关，进入中国市场的商品基本是相对国内价格优惠的产品。

第四阶段：随着跨境电子商务的发展逐步走向透明化、规范化，国内外各大电子商务平台企业竞相进入跨境零售电子商务市场，如亚马逊进驻上海自贸区，天猫在拓展跨境电子商务，京东、网易也积极地扩展跨境电商市场，同时还涌现出了大批经营跨境电商的后起之秀，如蜜芽宝贝、浙江执御、洋码头、兰亭集势、洋葱淘、贝贝网、小红书等，导致如今的跨境零售电子商务市场竞争异常激烈。 2018 年 10 月出台的跨境电商"无票免税"新政，也将引领中国跨境电子商务市场向更加健康化和规范化的方向探索发展。

（2）跨境电子商务的政策与宏观研究情况

从近年来的发展趋势可以看出，我国的跨境电子商务市场正处于一个不断完善的过程中。而国家对跨境电子商务，一直是持大力支持的态度的。我国推出的相关跨境电子商务政策法规如下：

《国务院关于大力发展电子商务加快培育经济新动力的意见》（国发〔2015〕24号），《国务院办公厅关于促进跨境电子商务健康快速发展的指导意见》（国办发〔2015〕46号），《浙江省人民政府关于大力发展电子商务加快培育经济新动力的实施意见》（浙政发〔2015〕49号），《杭州市人民政府关于加快跨境电子商务发展的实施意见》（杭政函〔2016〕188号），财政部发布的《关于跨境电子商务综合试验区零售出口货物税收政策的通知》（财税〔2018〕103号），自2019年1月1日起施行的《中华人民共和国电子商务法》。

我国当前在监管方面采取的是合规和适度原则，即在促进跨境电子商务行业发展和鼓励创新的前提下，进行监管；监管机制依然延续了传统的外部多层次监管。

根据《国务院关于同意设立中国（杭州）跨境电子商务综合试验区的批复》（国函〔2015〕44号）、《浙江省人民政府关于印发中国（杭州）跨境电子商务综合试验区实施方案的通知》（浙政函〔2015〕65号）和省编委《关于设立中国（杭州）跨境电子商务综合试验区管理办公室的批复》（浙编〔2015〕42号）等文件精神，浙江设立了中国（杭州）跨境电子商务综合试验区管理办公室（简称跨境电商综试办）。跨境电商综试办为市政府派出机构，代表市政府负责中国（杭州）跨境电商综试区的建设和统筹管理工作。跨境电商综试办贯彻执行国家和浙江省有关跨境电子商务综合试验工作的政策法规和决策部署，研究跨境电子商务发展的有关问题，与海关、检验检疫、外汇管理、税务等监管部门配合协作，简化优化监管流程，推动体制机制创新，探索构建跨境电子商务发展的管理制度和规则，为推动全国跨境电子商务健康发展提供可复制、可推广的经验。随着跨境电商行业的发展，未来监管体系将不断完善，政府将建立起内外部、政府与行业、监管与规范、普适与专项相结合的多层次监管体系。

通过实施适当的政策和逐步建立电子商务平台，中国跨境电子商务产业呈现出稳定快速的发展态势。该行业的繁荣表明了跨境电子商务的独特优势，这是促进产业转型和加速经济结构调整的结果。 由于信息不对称和数据的不足，国内外对跨境电子商务的现状、发展趋势及风险大小等的研究较少。Ma（2018）利用 BizArk 的跨境电子商务托管服务数据库，构建了中国出口电子商务的繁荣程度和风险程度指数，结果表明：①行业总体呈稳步增长趋势；②形势相对稳定，主要为促进物流便利化，但海关便利化剧烈波动；③逐步转向竞争更便宜、更有效的营销技术和渠道；④风险程度显著降低。

互联网的兴起往往与"距离的消亡"或至少与地理距离在信息供应中的相关性降低有关。 为了调查距离是否仍然是实物货物在线贸易中重要的影响因素，Gomez-Herrera（2014）使用一个在线消费者调查小组的数据，在一个语言互不相同的欧盟市场上进行网上跨境贸易研究。 分析证实，与在同一商品中的离线贸易相比，与距离相关的贸易成本大大降低。 然而，与语言相关的贸易成本增加。 此外，在线贸易中引入了新的贸易成本来源，如包裹递送和在线支付系统。 总而言之，没有迹象表明，在线贸易对国内市场产品的偏好低于离线贸易。 Gomez-Herrera（2014）研究了政策制定者的选择，以促进欧盟数字单一市场的跨境电子商务。 其研究表明，有效和灵活的跨境支付系统的使用量增加 1%，可使跨境电子商务数量增加 7%。 其研究还表明，网上贸易给英语出口国带来了比较优势。

Valarezo（2018）探讨了个人使用跨境电子商务（CBeC）的决定因素。欧盟（EU）特别关注对跨境电子商务的推广，因为它是实现欧洲数字单一市场战略的重要工具。 Valarezo（2018）使用的官方数据来自西班牙国家统计局（Instituto Nacional de Estadistic，INE）。 他使用了新古典效用最大化标准框架和 logistic 回归技术，对 16 209 名个人进行的关于家庭和个人使用信息和通信技术的代表性调查，结果表明：男性与使用跨境电子商务的概率正相关；教育与欧盟国家参与跨境电子商务的可能性正相关；计算机和互联网技能是解释跨境电子商务（无论是与欧盟国家还是与世界其他国家）的重要和积极的因素；变量"消费者在网上购买之前查看其他客户评论的频率"具有积极的影响。 外国国籍人员也增加了使用跨境电子商务的可能性。 为了在西班牙推广跨境电子商务，Valarezo（2018）亦讨论了开发数字技能的措施、互联网信任及商品和服务的在线信息评论的使用。

（3）跨境电子商务的运营主体模式

随着海关政策的收紧和监管部门核查力度的加紧，以前很流行的基于微信朋友圈的代购模式，在政府对跨境电商购物市场整合规范化以后，将难以为继。 目前，跨境电子商务平台网站主要有平台类和自营类这两类模式（张雪卫，2014）。

第一，平台类。 平台类跨境电商网站运营模式属于轻资产类型，其特点在于预售商品的引流、平台招商和管理运维。 基于吸引的商家，该类平台可以分为两类：一类是对跨境交易商品具有一定选品采购能力的个人商家或小 B 类商家，其会根据平台订单定期集中采购国外特定商品。 这类网站一般不会涉入供应链中采购、运输、销售环节。 其代表有京东海外购、贝贝网、街蜜海外购、执御等。 另一类是品牌商或大 B 类商家。 跨境电商平台自身一般不设置商品库存，而是通过转交消费者订单信息给厂商，然后厂商将接收到的订单信息以个体零售的方式向跨境电商平台上引流来的消费者发送商品，这类跨境电商平台主要通过零售价和批发价之间存在的差价额来赚取自身利润。 其主要代表平台有天猫国际、苏宁海外购、网易考拉、洋码头。 这类平台一般与海外供货商直接签订可靠的跨境零售供货协议，从而有效保证了商品的品质，最大限度避免出现伪劣假货的风险（如美国零售巨头 Costco 与天猫国际之间的战略协议）；同时，这一类电商平台一般会和特定国家的邮政方、著名的物流配送系统方形成战略合作关系（如中国邮政集团与各大跨境电商平台建立战略合作伙伴关系）或者选择自建国际物流系统。 其劣势则主要表现在初期能够提供的用户流量不足，大型供货商招商相对滞缓，而且前期开办启动所需的投资资金规模较大。

第二，自营类。 自营类跨境电商平台网站上在售的商品一般需要自己备货，因此可以说是重资产的一类运营模式。 这类平台网站上所售的商品基本从分散在全国各地的保税区进口或者部分通过海外直邮的方式入境。 自营类跨境电商模式与传统实体零售模式较为相似，需要跨境电商平台自己选品、管理供应链、管理运营，并深入干预物流管理与客户服务，当然这在平台选品、质量品控、定价、物流和客户服务方面有自主权。 与之相对应的是，跨境电商平台运营可能成本很大，商品 SKU（Stock Keeping Unit）有限，且商品类目、品种拓展困难大。 正是由于有这些劣势，目前很多垂直跨境电商自营类网站正在向综合类方向发展，大力扩充品类。 由于自营类平台的重资产特点，如果前期行业固定投资过大，一旦海关税务监管政策稍有变动，其业务发展将受到很大打击。 对于自营类的电子商务网站来说，其代表有 1 号店、网易考拉、蜜芽宝贝、聚美急速免税店等。

另外发现，以上模式并不是相互独立的，因为以上模式是各企业根据自身定位而采取的战略划分。 值得注意的是，各个跨境电商平台也可能兼具多种模式的特点，且不具有排他性。

### 2.1.3 跨境电子商务物流概况研究

目前，电子商务的成交量呈指数增长，为国家的经济增长和竞争力提升提供了巨大的机遇，提供了新的增长引擎，开发了新的贸易模式，创造了新的电子商务系统。 全球电子商务市场从 2012 年到 2017 年平均增长率约为17.4%，2017 年的销售额超过 2.3 万亿美元（Song，2018）。 同时，这种状况也向海关机构提出了几个问题，即关税和税收的规避，非法货物的查扣，临时托运人申报的数据不准确、不完整，缺乏与邮政服务方的交换信息，缺乏最新的检验设备和检查员等。 海关机构的效率对跨境电子商务的发展有着重大影响。 因此，海关机构需要实施在跨境电子商务中有效控制海关机构而不损失贸易便利化的计划。 第一，需要促进与邮政服务方的数据交换，以有效控制邮政项目。 第二，海关机构应加强与电子商务经营者在贸易便利化、有效征税、防止有害货物流入等方面的合作。 第三，采用新的税收模式和修改"最小值"，以解决收入流失问题。 第四，海关机构和电子商务利益相关方应努力提高临时托运人对海关对跨境电子商务货物的管理要求的认识。 第五，海关机构需要有足够的最新检验设备和检验员，以便对电子商务货物进行有效的检验（Song，2018）。

随着跨境电子商务的快速发展，跨境物流服务（Cross Border Logistics Service，CBLS）的需求量和重要性也随之增加。 一个满意的跨境物流服务可以帮助促进跨境电子商务的开展。 由于客户的物流需求日益复杂，物流市场竞争日益激烈，跨境物流服务供应商必须致力于不断改进和优化服务，以保持其竞争优势。 感性工程（Kansei Engineering， KE）是一种将满足顾客情感感知的元素设计成服务和产品的方法。 Hsiao（2017）研究应用感性工程方法来推导跨境物流服务的发展思路。 为此，Hsiao（2017）利用偏最小二乘法（Partial Least Squares Regression， PLS）分析了顾客感知与跨境物流服务要素之间的关系。 Hsiao（2017）还展示了文本挖掘技术在分析 CBL 在线内容方面的应用。 在线内容挖掘有助于识别跨境物流服务的服务元素和感性词语。 重要的是，通过在线内容挖掘得到的客户情感与跨境物流服务要素之间的关系为跨境物流服务设计提供了互补的结果。 此外，Hsiao（2017）以感性工程与线上内容分析整合为范例，研究探讨服务产业感性工学之设计流程。 除了传统的客户调查，用户产生的在线内容分析应该是捕捉面向客户的设计元素的有效方法，它们为感性设计提供了互补的效果。

Kim（2018）根据出口物流配送的重要性及其在 B2C 跨境电子商务中的利用程度的提高，导出了选择最优物流配送方式的评价标准。 为此，Kim（2018）应用层次分析法，找出适合跨境 B2C 电子商务的物流配送方式。Kim（2018）主要考虑 EMS、国际快递、空运、海外仓储这 4 种物流配送方式。 在决策层级中，一级由 4 个因素组成，如交货价格（0.417）、客户服务（0.400）、产品交货能力（0.115）、物流成本（0.069）。 此外，二级有 9 个评估因素，其中交货价格最大，为 0.288；第二是交货安全，为 0.263；第三是交货价格分割，为 0.129。 最终排名如下：海外仓储（0.433）、国际快递（0.264）、EMS（0.153）和空运（0.151）。 这意味着，海外仓储的优越性主要体现在交货价格和交货安全因素上，因此海外仓储应该是协助跨境电子商务公司进行物流配送的最佳渠道。 另外，Kim（2018）的研究的局限性在于，在现实生活中可以有多种配送方式，但他只考虑了 4 种可供选择的配送方式。

（1）现有跨境电子商务物流模式

跨境电子商务物流服务主要的方式有 3 种，分别是国际小包和国际快递、海外仓储和聚集后规模化运输。

第一，国际小包和国际快递。 国际小包包括中国邮政小包、香港邮政小包和新加坡邮政小包等，特点是运输时间长。 国际快递有 DHL 和 EMS 等，特点是成本高。 这两种是最为传统及最简单直接的物流方式。 对于众多未上规模的企业而言，国际小包和国际快递几乎是为数不多可供选择的物流方式。

例如，在我国部分跨境电子商务进口企业中，几乎所有的进口电子商务都是通过国际小包和国际快递从国外运输配送到国内电子商务消费者手上的。 但这种运营方式的运输时间很长，消费者往往需要等待较长时间才能收到货物，如从美国发出的普通 EMS 邮包，往往需要一个月的时间才能到达中国，这可能会在一定程度上影响消费者满意度。

第二，海外仓储。 海外仓储是在国外预先租下仓库，以海运或空运的形式先把货物运达仓库，然后在接到客户订单后进行本地发货。 要实现这一模式并不容易，因为虽然在海外建仓库，运输成本会低很多，还可以提高速度，但建设成本和运营成本很高。 此时引入第三方物流仓储公司，即为跨境电子商务提供全程物流解决方案的服务商很有必要。 第三方物流仓储公司在境外设有自营物流中心，可提供海外仓储、小包、专线、国际快递、订单管理和售前售后等物流服务。

第三，聚集后规模化运输。 聚集后规模化运输有两种类型：一是企业自身集货运输，这种物流运输模式的特点如下：B2C 平台本身即外贸公司，企业自己从国内供应商处采购商品，通过自身的 B2C 平台出售给国外买家，通过买入卖出赚取利润差价。 二是通过外贸企业联盟集货，主要是利用规模优势和优势互补的原理，一些具有货物相似点的小型外贸企业联合起来，组成 B2C 战略联盟，通过协定成立共同的外贸 B2C 物流运营中心。 其缺点是有较长的运输周期和复杂的物流程序，并且企业在前期需要投入大量的资金，对于许多中小型外贸企业而言，这笔费用是难以承受的。

（2）跨境电子商务第三方物流模式

第三方物流是指物流渠道中的专业化物流中间人，以签订合同的方式，在一定时期内，为其他公司提供所有或某些方面的物流专业服务，因此又被称为合同物流或物流外包。 对大多数企业而言，自行组建物流配送体系的花费可能较大，而雇用第三方物流进行货物配送是一个较为经济的可行方案。

跨境电子商务物流服务提供商的主要代表企业既包括 UPS、Fedex、DHL、TNT 等国际快递公司，也包括 EMS、顺丰等国内快递公司，上述公司本身具有物流资源。 同时，也包括以出口贸易为代表的物流服务整合供应商。

根据第三方物流主体不同，跨境电子商务物流配送模式又可分为以下两种形式：

第一，国际物流公司集中运输。 该模式是指通过国内仓储中心与海外合作伙伴合作，满足外国消费者需求的模式。 该模式通过国际物流公司在国内出口较为集中的城市设立大型仓储物流中心来实现。 该物流中心主要是发挥规模经济的作用，在互惠互利的基础上，通过协商合作，改进物流流程，对原有的海外货物配送进行改革，进而提高配送效率。 国际物流公司通过与跨境电子商务企业、海外物流合作伙伴签订契约，建立海内外国际运输联盟，如国际知名的 UPS、Fedex 等。 所有联盟内部的跨境电子商务企业发往海外的货物先由跨境电子商务企业直接发往国际物流公司在国内的仓储物流中心，然后由国际物流公司根据货物性质和去向统一订购航空舱位，集中运送至目的国后，由客户所在国的海外物流合作伙伴继续处理，将货物投递给最终消费者。 现在一般消费者所进行的海外购买都是由这一物流过程实现的，此运输过程可以由一家物流公司实现，也可由多家物流公司整合后实现。 这种模式对于卖家来说，能够节约时间和成本，是多数卖家的选择。 其物流配送模式如图 2-1 所示。

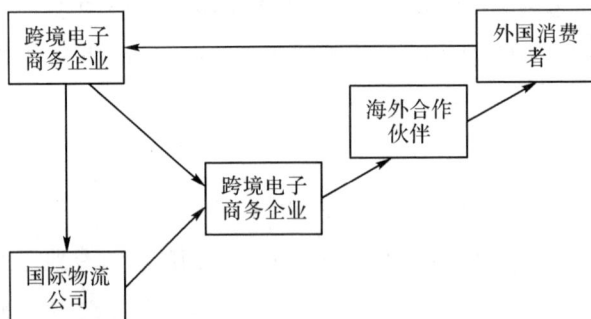

**图 2-1 国际仓储公司物流集运**

注：图中实线箭头表示物流。

　　第二，跨境电子商务平台集中运输。该模式是指跨境电子商务平台建立国际物流配送体系。随着跨境电子商务平台的飞速发展，现有的物流配送基础设施和流程在跨境电子商务平台中的瓶颈制约作用越发明显，快捷高效而低价的物流配送服务成为众多网上卖家的迫切需求。为了满足这一需求，许多企业开始寻求解决方法，如一些跨境电子商务平台开始自建物流配送体系，或通过与第三方国际物流企业联盟的方式，为平台卖家提供更为完善的物流配送服务。这些跨境电子商务平台既有投资于仓储物流的，如阿里巴巴自建的"全球速卖通"中的"菜鸟仓"，也有投资于部分快递业务的，如亚马逊等。这种模式主要是跨境电子商务平台在全国选择一个或几个城市建立大型仓储和配送中心，然后将货物发至平台指定的配送中心，当海外消费者通过跨境电子商务平台下单后，平台直接将订单传递给仓储中心，然后仓储中心进行整理、分拣、选配、包装，编码有序的货物通过平台的合作物流商发送至目标国家或地区，然后运送到目标顾客手中。也可以是，消费者下单后，平台上的跨境电子商务企业将货物通过国内快递运送至跨境电子商务平台指定的仓储中心，然后由仓储中心根据货物性质和去向通过自己的合作物流商将货物发送至目的国，最后快递给最终的消费者。这种模式对于跨境电子商务平台企业而言，省却了货物的仓储、整理、分拣、国际配送手续，减少了自己在物流配送上的精力投入，可以强化核心业务，发展重点业务，因而对跨境电子商务平台企业的吸引力越来越大。该物流配送模式如图 2-2 所示。

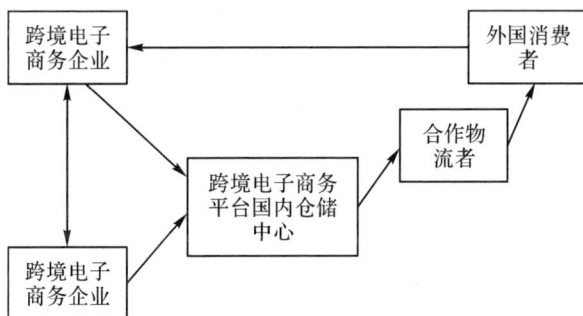

**图 2-2　跨境电子商务平台仓储集运**

注：图中实线箭头表示物流。

（3）跨境电子商务物流货源研究

第一，出口类跨境电子商务货源分析。 我国出口类电子商务的货源主要分为 4 类：品牌商授权、批发市场、代工工厂、家庭作坊群（走购形式）。

其一，品牌商授权。 一些出口类电子商务的货源是品牌商直接授权的。品牌商授权的货源一般质量较高，但进货成本也会较大。

其二，批发市场。 出口类电子商务的货源可以为国内的批发市场。 批发市场上的货物一般较为丰富，价格合适，但商品质量参差不齐，同类产品间差距较大。 另外，批发市场的货源稳定性受产品季节性波动影响。

其三，代工工厂。 出口类电子商务的货源可以是代工工厂，但这些工厂生产的商品一般品牌知名度相对较小，价格相对较便宜，并且可以根据需求向代工工厂提出相应的订单要求。

其四，家庭作坊群。 出口类电子商务的货源可以为家庭作坊群。 家庭作坊群的货源一般价格相对便宜，但是由于经常缺乏规范化生产的器具，货源在质量上相对不如另外的几种进货渠道。

第二，进口类跨境电子商务货源分析。 我国进口类电子商务的货源主要分为 4 类：品牌商授权、海外批发市场、海外代工工厂、海外代购。

其一，品牌商授权。 进口类跨境电子商务的进货货源可以为品牌授权。该种渠道的货物质量最好，但同时成本也较大，一般适用于知名品牌。

其二，海外批发市场。 进口类跨境电子商务的进货货源可以为海外批发市场，即通过海外的批发市场获得货源。 通过这种渠道获得的货物质量较好，价格合适。 不同市场间货源和商品质量的差异较大。

其三，海外代工工厂。 进口类跨境电子商务的进货货源可以为海外代工工厂，即进口类跨境电子商务直接和海外的代工工厂联系。 这种方式一般适用于大规模的货物进口，价格相对较为便宜，并且可以根据需求对进货订单提出要求。

其四，海外代购。 进口类跨境电子商务的进货货源可以为海外代购，即委托专门的代购组织或个人去海外进行货物的代购。 该渠道获得的货物质量和价格均一般，但货源稳定性较差，易受海关政策的影响。

## 2.2 跨境电子商务生态系统研究概述

### 2.2.1 商业生态系统概念的提出与发展

美国学者 James（1993）首次将生态学的观点引入企业竞争战略中。 他认为，为了不断适应环境，自然界中的物种必须互相协调，共同生存于生态系统中，才能实现共同进化。 同样，一个企业要生存和发展，甚至有时要与竞争对手一争高低，但更重要的是要有共同进化的思想。 也就是说，位于一个生态系统中，每个系统成员在自我改善的同时，还必须注意对其他群体成员的行为予以配合。 James（1996）明确提出了"商业生态系统"这一概念，他认为，商业生态系统构成一个完整的经济联合体。 Gossain（1998）完善了该系统概念模型。 Peltoniemi & Vuori（2004）在此基础上补充了定义，认为商业生态系统是由具有一定关联的组织组成的一个动态结构系统，这些组织可能包括企业、高校、研究机构、社会公共服务机构及其他与系统有关联的组织。

几乎在 20 世纪末 21 世纪初，国外学者 Kalakota（2002）、Hagel（1999）、Tapscott（2000）、Timmers（1998）、Evans（1997）、Kauffman & Walden（2001）都从自己的角度，提出了电子商务活动和交易不只包含各种商业交易，还包括在整个交易过程中所进行的其他辅助性的互联网活动。这里强调了参与交易的买卖双方、银行金融服务提供者或支付机构和所有其他的合作伙伴。 Moore（1998）、Lewin（1999）定义了商业生态系统理论不同于其他理论的基本特性和应用的基础。 商业生态系统理论涵盖了更多的系统成员和系统要素，更强调系统内成员生态关系，更关注其进化的过程及对环境的适应能力。 同时，他们从商业生态系统、商业生态系统构成元素、多个商业生态系统构成的产业经济系统 3 个层面揭示了商业生态系统理论自身的规律，包括理论本身的创新点和实践意义研究，理论研究应用在具体企业的竞争战略，等等。 刘跃所（2004）、陈建煊（2004）认为，商业生态系统是中国商务集群化发展的必然结果，并扩充了商业生态系统中的企业组织，认为应该包括核心企业、供应商、物流公司、金融机构、第三方支付机构、资质认证机构、广告公司、软件公司等。商业生态系统以消费者的需求为系统核心，生产消费以系统的方式稳定运行，以产品为需求载体，在资金流、物流、信息流的作用下，系统成员共同创建并进行优势互补，实现效能增值，有效维持价值收益最大化的一个有机整体。李东（2008）将商业生态系统的进化机制分解为吸引（排斥）—进入（脱离）—成长（衰退）等环节，开发了一个三维度的系统进化性能描述模型。同时，他补充定义商业生态系统中的核心企业为某个生态系统的创建者，也就是平台搭建者和提供者。他还对国内外33个核心企业所构建的商业生态系统进行了实证描述和聚类处理，归纳出广阔草原型、带状森林型、山丘森林型和簇状丛林型等4种典型的商业生态系统类型，针对性地分析了这4类商业生态系统的总体性质、进化条件和退化风险，并由此归纳了商业生态系统战略的策略维度。同时，他将宏观和微观两个层面综合起来总结出，核心企业通过搭建一个个商业生态系统平台，由不同的策略组合创造出合理的价值共享体系，吸引其他组织低成本地涌入这个系统中，且扩展最终产品或服务的终端消费市场，以此实现整个商业生态系统的长期健康发展。

商业生态系统由于其活跃的企业实践、广泛的应用领域而成为一种备受关注的组织现象。席酉民（2000）主要关注了商业生态系统的概念，商业生态系统各组成部分（如关键种、价值链、知识链等）的概念，商业生态系统分析框架，商业生态系统理论在企业管理学、经济学、生态学及有关分支学科（如网络经济、电子商务、战略管理等）中的定位及与其他理论之间的关系等基本概念框架。梁嘉骅（2002）指出企业与其生态环境之间存在着相互关系，认为商业生态系统的成功培育需要企业结合自己的实际经营情况。他通过对企业形态及企业管理差异的比较，使企业管理者认识到不同的企业发展及管理模式是植根在什么样的企业生态环境之下的，什么样的生态环境适合于怎样的企业发展、管理模式、企业生存及其原因。赵志（2000）从商务生态系统的发展层面，将其演化过程划分为4个阶段：第一阶段，新经济形势下商务生态系统逐步生成并初具规模；第二阶段，通过核心产品、服务和独到的产业价值链，吸引客户，扩大生产、销售规模；第三阶段，逐渐形成稳定的商务生态系统并达成互利合作，同时商务生态系统种群内部和外部竞争加剧，市场和资源在反复不断的演化中进行二次分配；第四阶段，为了避免商务生态系统被新系统替代，逐渐走向衰退和死亡，系统开始持续发展进化。 陈柳钦（2006）指出，产业的成长方式符合商业生态系统的基本规律，是提升区域经济竞争力的有效手段和重要途径。 商业生态系统在成员间关系、资源共享、运行机制、价值创新等方面，具有自组织适应、共同进化等基本特性。融合商业生态系统理论的产业发展是企业追求长期发展的一个很好的选择，是解决社会经济、资源与环境可持续发展问题的一条科学路径。 产业发展因在商业生态系统演化过程的不同阶段扮演不同的角色而具有不同的战略，这将是未来商业生态系统理论研究的重点、热点和方向。 Dobson（2006）认为，在以产业融合和网络经济为特征的新经济环境下，企业间的竞争由个体竞争转变为商业生态系统间的竞争；企业通过对竞争环境的判断，确定创新机遇和战略选择，从而决定商业生态系统愿景；根据战略选择确定资源需求，选择合作伙伴获取互补资源，在商业生态系统内重组内外部资源和能力构建价值网络，对企业内外部知识和资源进行配置与共享，并保持本企业资源优势；通过健康的商业生态系统重构战略模型，拓宽新商业环境中战略管理视野，从而取得新的竞争优势，不断创新实现企业持续发展。

### 2.2.2 跨境电子商务生态系统理论模型与系统构建

（1）电子商务生态系统基础理论研究

尽管"电子商务生态"一词在商业实践中已经非常流行，但对其的科学定义学术界还没有形成一致的结论。 其较早出现于孙喜庆（2001）的发言，但他并没有具体阐述什么是电子商务生态。 目前，学者们一般是将"商业生态系统"的思想运用在电子商务领域，并借用其概念来理解电子商务生态系统。不少学者对电子商务生态系统的定义有着各自的阐述。 阿里巴巴高管梁春晓（2008）认为，电子商务生态系统是指由为终端消费者提供产品和服务等的贸易交换，并与基于互联网交易关联的个人、组织及商业外部环境所构成的集合体。 这是在网络经济背景下由企业及个人所组成的商业网络与其外部环境共同演化发展成的一个动态平衡系统。 胡岗岚（2010）较好地描述了平台型电子商务生态系统，密切关联的企业和个人为完成交易以互联网为合作和交流平台。 其他如银行、物流、软件、担保等机构也开始围绕网络客户的需求进行集聚（Nguyen，2002），通过电子商务平台交织为庞大的新产业环境，并进行更广泛的资源整合。 这种相关组织和个人围绕第三方平台不断集聚的生态化现象，生成了一个非线性平衡生态系统。 他还对平台型电子商务生态系统基于关系治理、利益治理、信息治理及协作治理4个方面的治理机制和生态系统的规则建设提出了建议。 同时，他深入地研究了平台型电子商务生态系统的发展规律和自组织特点，从而描述了中国电子商务生态化集群的规律。 胡岗岚、卢向华和黄丽华（2009）就中国出现的电子商务生态化现象，提出电子商务生态系统的概念。 他们以阿里巴巴为例，探索阿里巴巴电子商务生态系统的演化历程。 他们指出，经过近20年的发展，目前，阿里巴巴已经成为中国最大的电子商务企业，拥有阿里国际业务、阿里小企业业务、淘宝网、天猫、聚划算、一淘和阿里云7个事业群，旗下有13家公司：阿里巴巴B2B、淘宝网、天猫、支付宝、阿里妈妈、口碑网、阿里云、聚划算、一淘网、中国雅虎、中国万网、CNZZ、一达通。 由于阿里巴巴的壮大，也吸引了一些专业的物流机构、快递公司、金融机构、电子商务增值服务机构等，它们以各种方式集聚在阿里巴巴平台上，形成一个开放、协同、共荣的电子商务生态系统。 研究也发现，分属不同经济实体成员间的冲突影响到电子商务生态系统的总体效益，各成员间的问题协调成为制约电子商务生态系统进一步发展的主要因素。 从电子商务生态系统所面临的问题着手，他们提出关系、利益、信息、运作四大协调机制，并分析了其协调机制及阿里巴巴作为核心企业的作用。

相比较于传统商业生态系统等管理模式，电子商务生态系统既是一种战略方式，也是一种管理理念。 Iansiti & Richard（2006）认为，电子商务生态系统的优势具体表现为竞争能力增强及差异化优势明显等。 最突出的特征在于使整个生态系统中组织成员相互协调，强调成员之间的共生关系，保证每个系统部分都良好运转，使得生态系统内部趋于良性循环，更注重系统的共同进化过程及对外部环境的适应能力，以此来实现生态系统的共同发展。 刘鲁川和陈禹（2006）运用商业生态学的原理，分析我国电子商务建设中存在的问题，认为要充分考虑上下游企业间的关系，探索居于不同生态位的企业开展电子商务建设的途径，从而形成电子商务生态系统。他们指出，要将主宰型企业转化为骨干型企业，充分发挥骨干型企业在形成电子商务生态系统中的关键作用，同时大量小生态位企业的存在是电子商务生态系统健康的标志，应有不同的电子商务建设途径和策略。杨艳萍和李琪（2008）强调电子商务环境下的竞争是商业生态系统之间的竞争，并界定了电子商务生态系统的概念，分析了电子商务生态系统的构成，将电子商务生态系统的组成成分划分为 3 种不同的类型，其划分依据是企业在电子商务生态系统中所担任角色的不同。同时，他们研究了电子商务生态系统中不同类型企业的生态位，并以骨干型企业阿里巴巴所培育的电子商务生态系统为例，指出骨干型企业对生态系统的发展起到了重要的引领作用，提出共同进化是这些企业在电子商务生态系统中的竞争策略。司林胜（2011）认为，电子商务生态系统是在传统的商务生态系统的基础上发展起来的。同时指出，由于电子商务和现代物流技术的支持，形成了电子商务生态系统。电子商务生态系统是将从事社会生产消费的各成员看成一个有机整体，因而系统特征更加明显且功能更加强大。作为一种战略途径和一种管理理念的创新，电子商务生态系统以用户需求为核心，以实现系统整体稳定运营并维持效益最大化为目的。Zhou, Zhang & Luo, et al.（2013）将商业生态系统理论应用到电子商务领域，并提出在线商务平台生态系统的定义。即一系列联系密切的企业和组织，以互联网作为沟通的载体，紧密围绕核心平台型电子商务企业，通过各种形式资源共享进行优势互补，有机形成一个生态系统。在该生态系统中，各"物种"成员完成各自角色的任务，相互交叉融合形成完整的价值体系，物质和信息通过这个价值体系在生态系统内流动和循环，逐渐组成一个多要素跨域的错综复杂的电子商务生态系统。

（2）电子商务生态系统的扩展应用

实际上，在电子商务平台上已经有足够多的企业为其核心产品或业务服务。同时，正是依托这些核心才衍生到生态系统。从电子商务平台，构建起一个健康、透明和开放的生态系统。Bailey & Bakos（1997）研究了电子商务平台的功能模式，并做了如下分类：聚集模式、匹配模式、便利模式、信用模式。此后，Bakos（1998）又分析了电子商务平台的聚集功能、匹配功能和制度基础建设功能。Kaplan & Sawlmey（2000）对电子商务平台的聚集效应进行了深入研究，发现电子商务平台的聚集效应集成了价格效应、产品多样性和产品有效性等特征，并且和平台的网络效应类似。Subrammani（2000）从实证分析的角度研究了电子商务平台商业模式的特征，分别研究了纯网络型电子商务企业和实体型电子商务企业对于数字产品和实物产品的影响程度。胡岗岚（2009）在探索电子商务生态系统的演化路径时提出尝试采用商业生态系统理论来解释中国电子商务产业的集群化现象，并据此提出电子商务生态系统的定义及物种的分类；同时，把电子商务生态系统的演化归纳为开拓、扩展、协调、进化 4 个主要阶段，并把电子商务生态系统与传统商业生态系统做了对比，提出在电子商务产业发展的过程中，系统边界的模糊性是电子商务生态系统的一个重要特征。同时，他以阿里巴巴为核心的电子商务生态系统为案例，通过分析其物种结构与演化路径，从实证的角度论证了电子商务生态系统理论的合理性。王宇峰（2004）从技术角度对电子商务平台生态系统的可行方案进行综合设计分析，提出了协同电子商务的技术架构，并将 P2P 技术与社会网络分析方法相结合，提出了分布式基于兴趣社会网络的电子商务平台系统，且对其进行了全面的分析，同时对设计和系统开发的关键实现技术进行了讨论。Moore（2006）对电子商务生态系统的演变过程进行了针对性分析，分别从信息政策、系统发展进程及文化角度研究了影响企业电子商务生态均衡的因素，并给出了有利于这种新型商务生态系统发展的建议。闵惜琳和姚锐（2007）分析和明确了电子商务生态系统中各主体的地位、发展定位，并以此为基础促进形成新的电子商务生态系统，且找到适合系统与系统之间竞争的新的发展定位方向；同时对系统中包括交易方、中间商、管理者在内的各主体的现状进行分析，提出在促进电子商务生态系统发展中各自宜采取的发展定位策略。

除了电子商务生态系统内主体以外，电子商务生态系统还受到各种环境如社会政策环境、政府法律环境、人力资源环境、信息技术环境等的直接或间接影响。Zhu & Thatcher（2010）通过调查分析全球电子商务生态系统的发展，认为在电子商务发展的初期，政府政策的支持、高效的法律环境和良好的基础设施都能极大地促进电子商务生态系统的形成和发展。 Tian（2014）认为，生态系统内外部各环境之间都存在相互作用和影响，每个主体的发展变化都受到电子商务生态环境的影响，只有当系统中的每个子系统都处在良性、健康和协调状态时，整个生态系统才能处于和谐状态。 同理，只有在整个生态系统的和谐发展和演化过程中，系统中的各个成员才能实现良性成长。 在该过程中，电子商务生态系统呈现出一些新特点：不仅规模巨大，而且交互关系错综复杂。 比如已经出现了大规模的自组织和社会网络现象，基于网络的信用体系在迅速生长，生态化的学习社区（虚拟社区）也在蓬勃发展。 Sun，Hus & Wu（2012）从经济、心理和生态等多角度研究了虚拟社区的知识共享行为，分析了虚拟社会的生态特征。 显然，在这种错综复杂的生态系统中，与传统电子商务个体交易行为相比，生态系统状态和群体交易行为也非常值得深入观察。 Liu，Kauffman & Ma（2015）从应用的角度着手，关注电子商务生态系统在移动支付方面的实现模式与安全性问题。 他们通过对电子商务生态系统中包括交易双方、外部竞争者和管理者在内的各参与主体的现状进行分析，以技术性实证研究为主进行了阐述，提出在促进电子商务生态系统发展中其各自的战略定位及应当采取的措施。 何军（2013）将电子商务生态系统相关理论扩展到旅游景区电子商务应用上，并在对旅游价值链和旅游产业集群研究的基础上，用电子商务生态系统观点分析了旅游景区电子商务的应用，给出旅游景区电子商务生态系统示意图，并建立评价指标，这对发展旅游电子商务生态系统应用有一定的实践参考价值。

（3）跨境电子商务生态系统的构建与发展思路

借鉴电子商务生态理论可以得知，跨境电子商务产品提供商、跨境电子商务交易平台、跨境电子商务支付提供商、跨境电子商务物流提供商、跨境电子商务第三方服务商、跨境电子商务公共服务机构等跨境电子商务参与主体与环境构成了统一整体，它们之间相互作用、相互影响，从而构成了整个跨境电子商务生态体系。 跨境电子商务生态系统以跨境电子商务需求方需求为导向，以提高自身利益和促进经济发展为目标，通过自组织及相互协作，实现资源共享、互利共生。 跨境电子商务生态系统吸收来自跨境电子商务需求方的能量，通过跨境电子商务交易平台、支付平台、物流平台、运营平台、公共服务平台等实现信息流、资金流和物流在整个跨境电子商务生态系统中不断流动和循环。

樊晓云（2015）综合分析了第三方跨境电子商务平台、自营跨境电子商务平台及跨境电子商务代运营服务商等的交易或服务内容的特点，包含产品种类和行业覆盖等。吕雪晴和周梅华（2016）通过对跨境电子商务平台商业模式和运营模式的探讨发现，尽管我国跨境电子商务平台发展势头良好，但是仍然存在战略目标模糊、综合服务能力偏弱和操作流程不规范等问题。在跨境电子商务的研究热潮中，原白云（2016）从4P营销理论出发，分析了产品策略、价格策略、渠道策略及促销策略为跨境电子商务平台带来的新机遇，并通过4C理论分析和顾客让渡价值分析，为跨境电子商务平台的下一步发展提供方向。廖润东（2017）针对跨境电子商务中小微企业的特点，分析了跨境电子商务零售出口的困境，为中小微企业的平台选择提供了借鉴意义。吴敏（2015）对"互联网＋"视角下的跨境电子商务生态圈构建思路进行了辨析，指出当前跨境电子商务生态圈构建中存在跨境电子商务的生态系统融合度不足、海关通关作业流程与跨境电子商务生态系统契合度低及跨境市场运营与跨境电子商务的生态系统接洽度失调等问题，并给出了革新跨境电子商务的跨境市场运营体系等对策，阐述了跨境电子商务生态圈构建的意义和价值。张薇（2016）分析了我国跨境电子商务的发展现状且发现了其中存在的问题，并从平台理论视角出发阐述了构建我国跨境电子商务生态圈的可行性和重要性，提出基于互联网平台商业模式的我国跨境电子商务生态圈结构。这对当前我国跨境电子商务平台的整合、相关支撑产业的发展实践有重要的参考价值。宋丽红（2016）分析了跨境电子商务平台发展的市场环境，对跨境电子商务服务平台竞争力的构成、功能及提升进行了详细阐述和研究，并对跨境电子商务平台的运营模式及其带来的机遇进行了预测。

## 2.3 跨境电子商务中新兴技术的应用研究概述

### 2.3.1 跨境电子商务中数字技术的应用研究

全球数字化时代来临，数据呈现爆发式增长，大数据技术对创新（跨境）电子商务商业模式起到了至关重要的作用。 Zhao（2013）分析了电子商务市场中大数据应用的典型模式，调查研究了大数据对商业模式的改造作用，并就大数据商业经营模式和分析平台的构建问题提出了设想。 Constantiou & Kallinikos（2015）研究了大数据对商业模式规则的影响。 Barrett，Davidson & Prabhu et al.（2015）分析了大数据时代的服务模式创新问题，特别是在电子商务领域的创新方向。 王惠敏（2015）从产品创新、价值链协同等方面分析了大数据背景下电子商务的价值创造与服务模式创新。 此外，刘志超、陈勇和姚志立（2014）及王碧宏（2014）等学者也就大数据对电子商务商业模式创新的影响问题进行了研究。

大数据对实现（跨境）电子商务精准营销和个性化服务起着重要的作用。 Koutsabasis、Stavrakis & Viorres（2008）分析了大数据在电子商务个性化服务和商品定制中的应用。 Bughin，Chui & Manyika（2011）分析了 Amazon（亚马逊）的大数据推荐引擎在精准营销中的作用。 Davenport & Patil（2012）分析了 Google 使用大数据提升核心搜索引擎和广告布局效率的方法。 张栋（2014）、韦群锋（2015）等认为，大数据的应用可以给电子商务带来更加细化精准的电子商务市场营销，有利于推进个性化服务，挖掘数据潜在价值。 周敏（2016）指出，大数据更好地支撑了电子商务营销精准化、实时化、高度差异化和个性化，进一步推进了价值链、供应链一体化，并推动了新型增值服务模式的发展。 此外，还有大量文献关注如何使用大数据实现精准营销和个性化定制服务（冯芷艳，郭迅华，曾大军，2013；黄升民，刘珊，2012；徐国虎，孙凌，许芳，2013；刘敏严，赵莉琴，李占平，2015；高源，张桂刚，2014；贾利军，许鑫，2013；梁红波，2014；金晓彤，王天新，杨潇，2013；李巍，席小涛，2014；王波，吴子玉，2013）。

电子商务已成为当前主要的消费模式之一。 了解消费者的电子商务购物行为有助于提高企业的竞争力。 Lin（2018）的研究旨在探讨服务公平感作为功能失调顾客行为（Dysfunctional Customer Behavior，DCB）的先行因素，与负面情绪及服务不满意如何互动，进而影响 DCB。 Lin（2018）的研究利用一项在线调查从 490 名淘宝网用户那里获得数据，并采用结构方程模型的偏最小二乘法对所提出的研究模型进行检验，结果表明，服务公平感与负性情绪呈显著负相关，负性情绪能显著诱导服务不满意，负性情绪和服务不满意与 DCB 呈正相关。 然而在跨境电子商务领域，这方面的知识却是匮乏的。 Lin（2018）的研究以顾客公平理论为基础，为影响淘宝购物网站功能失调顾客行为 DCB 的因素提供实证依据。

在过去几十年中，来自买家的回扣欺诈被确认为在线卖家，特别是中小企业在跨境电子商务中面临的主要风险。 然而，以往的研究大多从买方的角度和国内网络市场的角度来研究信任和感知风险，而忽视了卖方信任和感知风险对网络交易成功的重要性及跨境交易的重要性。 为了填补文献中的这一空白，Guo（2018）考察了在跨境电子商务环境下，卖方对买方的信任及他们感知的回扣欺诈风险对卖方与买方进行交易的意愿的影响。 为此，Guo（2018）建立了一个概念模型，该模型确定了一套制度机制来增强卖方的信任并降低其感知的风险。 同时，通过对中国内地中小企业与海外买家进行交易的主要跨境电子商务网站上的 443 家卖家的调查，检验了上述假设。 其研究为电子商务研究的丰富做出了具体贡献，并为第三方在线交易平台和在线贸易决策者提供了有益的启示。

Han（2018）以计划行为理论为基础，探讨了电子服务质量信念（E-Service Quality，E-S-QUAL）、消费者独特性需求（Consumers' Need for Uniqueness，CNFU）、感知行为控制信念与重要他人期望之间的关系，以及跨境在线购买行为意向，并使用从具有跨国在线购买经验的韩国消费者那里收集的数据，考察了 E-S-QUAL 和 CNFU 对态度的影响。 Han（2018）评价了该研究中的研究模型，并使用偏最小二乘法检验假设，基于 OLS 回归的估计方法，着重于预测假设具有因果关系的自变量，使因变量的方差解释性最大化。 该数据分析的结果强调了 E-S-QUAL 和 CNFU 的信念正向影响国际网站对网上购买的态度，相应地也正向影响购买意向。 此外，关于自我效能感的信念及关于跨境在线购买的规范结构正向影响行为意图。 由于先前的研究中没有一项特别提到关于电子服务质量的信念与跨境网上购物的实际行为意图之间的联系，Han（2018）创新性地开发了一个概念模型，解释消费者在全国范围网上购物的意图。 此外，作为影响消费者跨国网上购物决策的因素之一，CNFU 的重要作用也被忽视。 关于这个问题，Han（2018）旨在调查影响跨国界网上购物的因素，从而帮助跨境电子商务相关方更好地了解其消费者的需求。

Kim（2018）的研究旨在探讨影响韩国大学生跨国 B2C 电子商务商业模式之一海外直接购买的回购意向的因素。 其中的研究模型由价格竞争力、产品属性、声誉、配送服务和售后服务 5 个自变量，中介变量（满意度）和因变量（回购意向）组成。 研究发现，消费者满意度影响回购意向，影响消费者满意度的因素除售后服务外，还包括价格竞争力、产品属性、声誉和交货服务。 并且应该考虑构建一个系统，可以处理各种语言支持及产品退货和退款作为消除消费者焦虑的一种方式。 Kim（2018）的研究提供了韩国大学生 B2C 消费倾向的基础。 此外，从公司的角度来看，其有助于在平台运营过程中制定拓展和进入海外市场的战略。

Lkhaasuren（2018）的研究目的是调查韩国形象和文化内容偏好对蒙古族消费者的影响，以及研究韩国文化内容是否对国家形象有正面影响。 韩国经济形象、文化形象、国家形象和关系形象被视为国家形象的维度。 Lkhaasuren（2018）对 229 名蒙古族受访者进行了问卷调查，在 SPSS 24.0 软件中，使用 Cronbach's Alpha 系数，通过多元回归分析来估计问卷的可靠性，并检验假设。 研究结果表明，韩国文化内容的有利性对蒙古族消费者对韩国产品的网上购物意向有正向影响。 在选定的国家形象维度中，经济形象和国家形象对蒙古族消费者的购买意向有统计上的正向影响，而关系形象和文化形象的影响不大。 韩国文化内容的有利性对韩国形象也有很大影响。

### 2.3.2 跨境电子商务综合发展体系研究

跨境电子商务的迅速发展引起了国内外众多学者的关注，他们从不同角度对其发展状况及其特征、影响因素展开了研究。 曾鸿（2005）从供需统计、交易构成统计和交易流向统计角度详细分析了电子商务统计指标体系构建的基本方法和指标体系。 杨坚争（2014）提出了电子商务关键性统计指标的筛选方法。 杨希（2012）研究了电子商务背景下如何统计商品零售额等指标。 谌楠（2014）以上海市为例分析了电子商务平台经济的统计方法和监管方法。 于寅生和吕雷（2015）就改革和完善我国电子商务统计制度提出了对策建议。 曾轶雄（2016）提出了顺应"互联网＋"发展趋势的电子商务统计思路。

Lee（2012）利用亚马逊上的图书历史评分数据及用户评阅数据，提出了一种基于内容推荐的在线商品推荐方法。 Illig（2011）提出可利用项目的标签信息推荐那些与用户以前喜欢过的项目相似的商品。 但是基于内容的方法没有考虑用户兴趣变化对推荐质量的影响，并且当两个不同的项目拥有相同的标签内容时，无法很好地进行区分（Sun，2015）。 Wen（2012）提出了一种基于混合推荐的新闻推荐系统，该系统利用用户的偏好信息及新闻之间的相似度进行推荐。 朱国玮（2012）提出了基于遗忘函数和领域最近邻的推荐算法，利用非线性逐步遗忘函数建立用户兴趣模型，预测用户未评价商品评分，并利用领域最近邻方法查找目标用户的最近邻及预测未评价商品评分。Wei（2013）提出在社交网络下融入信任的 MCFTN 算法，但是该方法没有充分利用用户的社交行为，同时对社交网络的用户信任关系计算考虑得不够全面。 Wang（2008）提出可基于网上用户交易数据，利用 k-core 与 center weights 预测哪些用户有交易风险。 但是该方法需要有交易数据，也不适合计算一般用户之间的信任值。 乔秀全（2011）结合社交网络，提出社交网络下基于用户上下文的信任度计算方法。 该方法将用户间的信任分为基于熟悉程度的信任与基于用户背景相似度的信任，并取得了较好的效果。 Li（2013）提出可基于社交网络下用户偏好与社会关系进行推荐，但是该方法没有考虑用户间的信任关系信息。 Jennifer（2006）提出 FOAF（Friend Of A Friend）在基于 Web 的社交网络中计算没有直接联系的用户间的信任关系，但是只有 0 与 1 两种取值，使其很难运用于实践。 他将信任划分为相似性产生的信任与熟悉性产生的信任，根据重要程度不同，把相似性分为内部相似性与外部相似性，并给出了新的相似度计算方法。邹本友（2014）提出了一种基于主题的张量分解的用户信任推荐算法，相比静态的信任推荐模型，该方法应用的增量更新的张量分解算法更加符合快速更新的社交网络的推荐任务。陈克寒（2013）基于微博社交网络环境下普遍存在冷启动与数据稀疏等问题，提出了基于两阶段聚类的推荐算法GCCR。该算法在数据稀疏及冷启动情况下具有更好的推荐效果。Li（2013）的研究将用户偏好相似性与信任因素融入社会关系网络，提高了推荐准确度。

针对跨境电子商务的发展状况，有一大批学者对我国跨境电子商务的发展状况进行了分析，指出了其对经济增长的积极作用，以及存在的问题或制约因素（陈云波，2013；王外连，王明宇，刘淑贞，2013；冯亚楠，刘丹，2015）。还有很多学者做了更加深入的细分类研究，探讨了不同区域、不同（国际）市场、不同行业、不同规模类型企业、不同目标人群的跨境电子商务发展状态、特征、分布、趋势及影响因素。例如，杨坚争和刘涵（2014）及杨坚争和于露（2014）对长三角地区跨境电子商务的发展及影响因素、上海等自贸区跨境电子商务的发展问题进行了研究；崔雁冰和姜晶（2015）比较研究了国际主要市场的电子商务情况，发现跨境电子商务欧洲市场规模最大，北美市场最受欢迎，而亚洲市场则增长最快，进而预测随着欧美日传统市场份额的下滑，东盟等新兴市场将成为新的增长点，这也将扩大我国跨境电子商务的买方主体；鄂立彬和黄永稳（2014）分析了我国跨境电子商务出口市场现状，发现我国跨境电子商务企业主要集中在东部沿海地区，其首要出口地为亚洲周边国家和地区，美国和欧盟也同时为重要的贸易出口地，孙蕾和王芳（2015）的研究也印证了此结论；郑少微和杨琳琳（2015）从消费群体和地区两方面研究了浙江省跨境电子商务的目标市场，认为年轻女性群体和收入较高的国家和地区群体分别是最主要的消费群体。

针对跨境电子商务的快速发展态势，也有学者从整体或某具体交易环节角度分析探讨了其间存在的各种障碍因素与发展对策。例如，Duch & Martens（2015）考察了欧盟数字化单一市场的发展障碍，发现跨境交易争端、运输成本、税收政策等因素对小企业的影响比大企业更大。Gomez, Martens & Turlea（2013）从语言学角度细分欧盟（EU）市场，发现跨境电子商务比传统国际贸易在产品和空间分布上具有更显著的"本国偏好"特征，并且难以预测推动立法、改进金融系统和物流系统基础设施等各环节的真实效果；在产品特征方面，适合跨境电子商务小额贸易的商品一般具有体积小、重量轻、不易损坏和不易过期等典型特点（Yousefi，2015）。Duca，Rule & Loebl（2011）考察了跨境电子商务发展引发的交易纠纷环节和全球跨境电子商务在线纠纷解决系统的构建。Xue，Li & Pei（2016）回顾了市场增长、政策推动、生态系统优化、跨境电子商务服务技术、价值链等方面的进展，进而分析其面临的发展瓶颈，并给出了进一步发展的策略。冯亚楠和刘丹（2015）考察了中国跨境电子商务支付服务现状，发现目前中国跨境电子商务支付服务呈现银行转账、信用卡、第三方支付等多种方式并存的格局。

电子商务是一个新兴交易媒介，理论上各行业均可以借助电子商务平台开展经济活动，因此在针对跨境电子商务综合发展及绩效评估的研究上，不少学者还基于多个方面因素对其发展水平、状态、绩效、能力等进行了综合评估。例如，Martens & Turlea（2012）提出应综合成本优势、在线支付和物流模式等因素评估跨境电子商务的总体发展；Asosheh，Shahidi-Nejad & Khodkari（2012）从信息层、业务处理层和内容层 3 个层面构建指标体系，提出 B2B 电子商务评估"本土化评估模型"；王林和杨坚争（2014）基于两个市场理论和结构方程模型分析了国际物流绩效的影响因素。进一步地，他们还对不同行业跨境电子商务的绩效及中小企业跨境电子商务绩效的识别与检验方法（杨坚争，2016）等进行了研究。关于如何建立我国跨境电子商务综合发展指标体系，国内学者也做了一系列的研究。例如，杨坚争、郑碧霞和杨立钒（2014）提出依据跨境电子商务的交易流程，从网络营销、国际电子支付、电子通关、国际电子商务物流和电子商务法律等 5 个方面建立发展评价指标体系；赵志田和杨坚争（2014）构建了综合评价跨境电子商务能力水平的模型，并基于全国 662 家企业数据进行实证检验，对浙江与广东两省企业的跨境电子商务能力水平进行了综合评价；熊励、赵露和孙文灿等（2016）通过扩展关系数据库将跨境电子商务分解为跨境主体、跨境环境和配套服务 3 个维度，设计了包含内贸网商密度、外贸网商密度、网购消费者密度、物流公司站点密度、支付企业覆盖数量、海关管理效率、进出口效率、物流服务水平、电子支付服务水平、信息技术发展水平等指标的评价体系，以判断我国跨境电子商务的总体发展状况；熊励和杨璐（2016）基于技术组织环境（Technology-Organization-Environment，TOE）框架，从跨境电子商务业务流程的角度，建立了包括跨境电子商务基础设施建设（与信息技术相关的硬件基础设施）、物流发展状况（物流技术应用水平、供应链物流管理水平）、通关综合速度（电子报关、货物查验等一站式通关服务水平）、支付发展水平（电子支付工具、安全性等与跨境支付相关的系统应用水平）及跨境电子商务的环境支持水平（相关资源支持、政策支持及制度保障）等方面的指标体系，以评估区域跨境电子商务的综合发展水平。

# 3 跨境电子商务宏观政策发展趋势与业务模式研究

## 3.1 跨境电子商务支撑体系研究

### 3.1.1 跨境电子商务的交易和支付模式概述

以下以杭州跨境电子商务园区交易模式与支付结算模式为例进行论述。

（1）出口交易模式与支付结算模式

杭州跨境电子商务园区的主要出口模式有以下几种：

其一，一般出口模式（"9610"一般出口，以下城园区为例），见图3-1。

过去几年，出口跨境电子商务B2C的迅速发展以大量中小卖家的涌现为主要特点，方便灵活、价格相对低廉的邮政小包是大多数中小卖家选择的物流方式（即直邮模式）。邮政小包是跨境电子商务出口业务中主要的物流方式，其中70％的包裹是由邮政系统进行投递的，50％左右是由中国邮政负责的。当然，还有中国香港邮政、新加坡邮政等也是跨境电子商务外贸卖家的常用物流方式。邮政网络基本覆盖全球，比其他任何物流渠道都要广。而且，由于邮政一般为国有性质，有国家税收补贴，价格非常便宜。

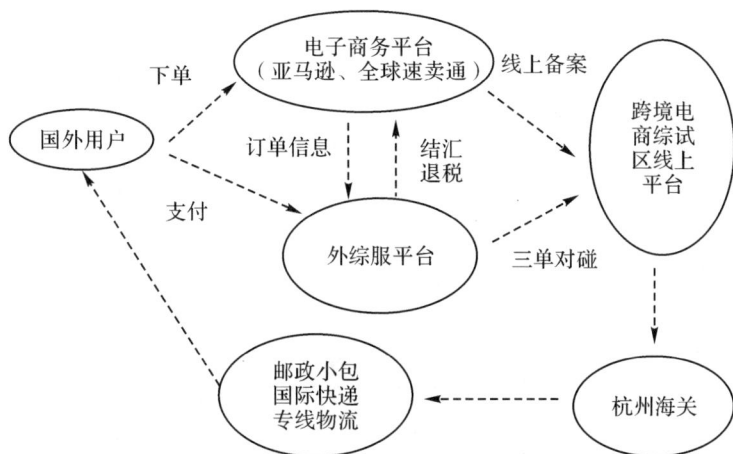

**图 3-1　杭州跨境电子商务下城园区交易与支付结算流程**

不过随着日单量的逐渐增加，加之邮政小包发货时间长、不经济的缺点越来越明显，海外仓成为越来越多大卖家的选择。所谓海外仓，是指卖家在海外建立仓库备货，客户下单后直接由仓库发货，而不用从国内发货。这种方式具有诸多优点，比如可以缩短发货时间至 3—4 天乃至 1 天（国际物流通常需要一两周的时间，还不包括清关延误等时间），还能拓宽商品门类，比如超大件、超重件商品，邮政小包或快件的物流方式满足不了这类商品的运送。

通过采用海外仓，中国的卖家可以在当地提供与本土电子商务几无二致的服务体验。海外仓的商品销售转化率高于直邮商品。在同类商品中，从海外仓发货的商品销售量是从中国本土发货商品的 3.4 倍。并且，海外仓对于提升好评率、提高定价均有明显帮助。使用海外仓是大势所趋，不采用海外仓的卖家将很难参与竞争。

不过，采用海外仓对卖家库存管理能力的要求更高，如果出现商品积压会造成很大的资金压力，这也意味着海外仓更适合单价高、款式规格少的商品。

最早的海外仓是一些大卖家尝试建立的自有或共用仓库，发展到现在，市场上已经有数十家能为跨境电子商务提供专业海外仓服务的服务商。

其二，特殊区域出口模式（"1210"一般出口，以下城园区为例），见图 3-2。

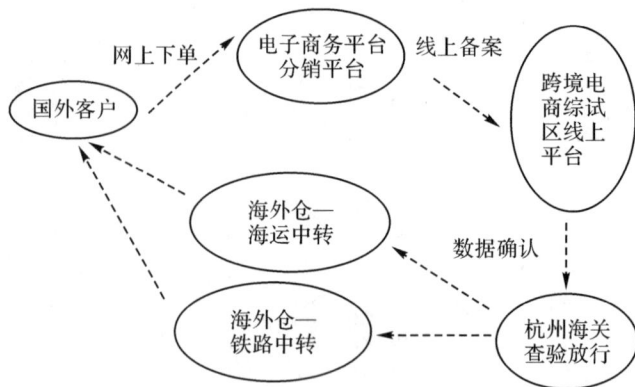

**图 3-2 杭州跨境电子商务下城园区出口流程**

从 B2C 到 B2B，看似简单的字母变化，对于企业的跨境电子商务出口来说意义重大。同时，中国制造业也将在出口业务上，迎来更多商机。跨境电子商务出口从 B2C 向 B2B 大货模式延伸，丰富了跨境电子商务出口模式，对于企业做大跨境电子商务业务、促进中国（杭州）跨境电子商务综合试验区快速发展具有特别重要的意义。

（2）进口交易模式与支付结算模式

第一，直邮模式（"9610"，以下沙园区为例），见图 3-3。

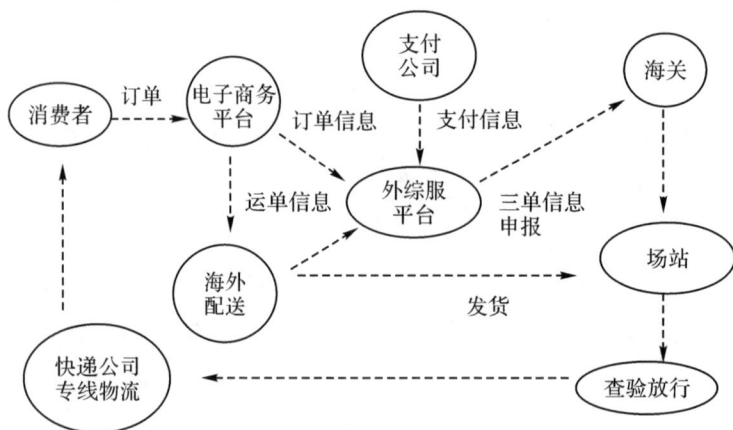

**图 3-3 杭州跨境电子商务下沙园区进口流程**

直邮模式是先购买再有货，即消费者先通过电子商务平台下单，电子商务平台打包后，通过国际物流等方式将货物发送至杭州跨境电子商务下沙园区。经过卸货查验、检验检疫环节后，海关工作人员会比对个人物品信息申报单，当货物和申报信息匹配之后放行。

和保税模式相比，直邮模式最大的不同之处就是理论上不需仓储，货品种类更丰富，具有个性化。不过同时，直邮模式的收货时间更久，通常从下单到货物送达，消费者需要等待7—20天。

第二，网购保税模式（"1210"，以下沙园区为例），见图 3-4。

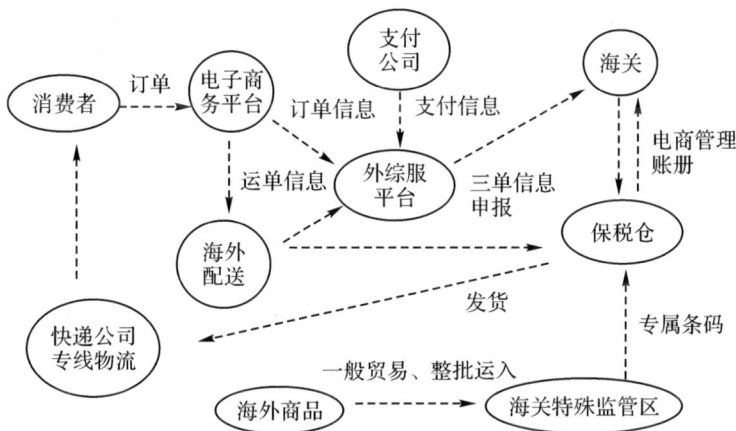

图 3-4　杭州跨境电子商务下沙园区网购保税进口流程

来自海外供货商的货物，由海关监管车辆运送到特殊监管区。海关工作人员对照报关单进行查验后，给每件货品贴上专属条码标签，作为商品的唯一"身份证"，摆放在保税仓。

一旦有消费者下单，系统生成订单，相关工作人员查验该物品的个人物品信息申报单，该申报单包括订单信息（来自电子商务平台）、运单信息（来自保税仓物流公司）和支付信息（来自支付公司）3 个部分。只有当该 3 个方面信息对碰完成，申报单的各项数据准确无误，且商品顺利通过 X 光查验之后，才算正式通关放行。目前，网购保税模式从下单到收货，消费者一般只需等待 1—3 天，几乎和国内电子商务的购物时间一样快。

未来，下沙园区准备在已有的进口 B2C 模式的基础上，探索进口 B2B 模

式；同时利用开发区产业基础及出口加工区政策优势，探索启动跨境出口
M2C（Manufacturers to Consumer，生产厂家对消费者提供自己生产的产品
或服务的一种商业模式，减少流通环节，降低销售成本）模式，并探索跨境出
口 M2B（Manufacturers to Business，生产商直接面对经销商，是架构在电子
商务上的一种新型交易模式，节约厂商销售成本，帮助下游经销商整合采购
链资源）模式及特殊监管区跨境网购保税出口等跨境电子商务新型渠道，将
"中国制造"销往全世界。

### 3.1.2　跨境电子商务的通关流程概述

跨境电子商务较之国内电子商务则增加了海关通关、检验检疫、外汇结
算、出口退税、进口征税等环节。

根据海关网站显示，跨境电子商务通关主要包含以下过程：

第一，入关。 进入海关特殊监管区等待查验。

第二，普货查验。 跨境电子商务货物进入海关监管仓，等待海关进行查
验，核对实际进口货物与报关单所报内容有无错报、漏报等情况。 无误后，
进入保税仓储存。

第三，理货、抽检。 货物仓库分为储存区、包装区和监管区 3 个区域，
海关工作人员完成对货物的抽查检验。 其中，食品及保健品需送到专业实验
室进行成分检验。

第四，"三单对碰"。 当消费者在电子商务平台下单后，平台就会生成
订单发送到保税仓，同时支付企业发送支付单，物流企业发送物流单。 而订
单相关数据会传到跨境电子商务服务平台，服务平台再将数据传输到海关
平台。

第五，打包后过 X 光机查验。 保税仓按订单打包商品，完毕后送到分拣
中心，通过 X 光机进行查验。 每一笔订单信息都将被保存，海关的工作人员
也会进行现场查验，比对数据、实物等各项信息。

第六，通关放行。 海关特殊监管区卡口智能系统将自动识别车号放行。

根据海关总署 2014 年第 56 号、2018 年第 194 号公告，以杭州跨境电子
商务园区为典型案例，具体通关流程为"清单审核、汇总申报"模式。

其一,跨境电子商务零售进口商品申报前,跨境电子商务平台企业或跨境电子商务企业境内代理人、支付企业、物流企业应当分别通过国际贸易"单一窗口"或跨境电子商务通关服务平台向海关传输交易、支付、物流等电子信息,并对数据真实性承担相应责任。

直购进口模式下,邮政企业、进出境快件运营人可以接受跨境电子商务平台企业或跨境电子商务企业境内代理人、支付企业的委托,在承诺承担相应法律责任的前提下,向海关传输交易、支付等电子信息。

其二,跨境电子商务零售出口商品申报前,跨境电子商务企业或其代理人、物流企业应当分别通过国际贸易"单一窗口"或跨境电子商务通关服务平台向海关传输交易、收款、物流等电子信息,并对数据真实性承担相应法律责任。

其三,跨境电子商务零售商品进口时,跨境电子商务企业境内代理人或其委托的报关企业应提交《中华人民共和国海关跨境电子商务零售进出口商品申报清单》,采取"清单核放"方式办理报关手续。

跨境电子商务零售商品出口时,跨境电子商务企业或其代理人应提交《中华人民共和国海关跨境电子商务零售进出口商品申报清单》,采取"清单核放、汇总申报"方式办理报关手续;跨境电子商务综合试验区内符合条件的跨境电子商务零售商品出口,可采取"清单核放、汇总统计"方式办理报关手续。

其四,电子商务企业或其代理人应于每月 10 日前(当月 10 日是法定节假日或者法定休息日的,顺延至其后的第一个工作日,第 12 月的清单汇总应于当月最后一个工作日前完成),将上月结关的《货物清单》依据清单表头同一经营单位、同一运输方式、同一启运国/运抵国、同一进出境口岸,以及清单表体同一10 位海关商品编码、同一申报计量单位、同一法定计量单位、同一币制规则进行归并,按照进、出境分别汇总形成《进出口货物报关单》向海关申报。

电子商务企业或其代理人未能按规定将《货物清单》汇总形成《进出口货物报关单》向海关申报的,海关将不再接受相关企业以"清单核放、汇总申报"方式办理电子商务进出境货物报关手续,直至其完成相应汇总申报工作。

其五,电子商务企业在以《货物清单》为依据办理申报手续时,应按照一般进出口货物有关规定办理征免税手续,并提交相关许可证件;在汇总形成《进出口货物报关单》向海关申报时,无须再次办理相关征免税手续及提交许可证件。

个人在以《物品清单》为依据办理申报手续时,应按照进出境个人邮递物品有关规定办理征免税手续,属于进出境管制的物品,需提交相关部门的批准文件。

其六,电子商务进出境货物、物品被放行后,电子商务企业应按有关规定接受海关开展后续监管。

(来源:相关公告)

通过杭州海关专门为跨境电子商务出口量身定制的"清单审核、汇总申报"模式,企业只须在跨境服务平台上申报清单,便可在园区内进行通关,这直接为企业解决了通关、结汇、退税等诸多问题。

### 3.1.3　跨境电子商务的物流模式分析

以下以杭州跨境电子商务园区为典型案例,研究其跨境电子商务的物流模式。 杭州各跨境电子商务园区的物流、仓储各有优势,其中下沙园区引入了网仓科技、费舍尔等大型跨贸电子商务服务企业,实现了仓配一体化,构建了智能物流体系,同时引入了浙江中外运有限公司、EMS、申通、圆通、中通等国内大型物流公司。 下城园区除了有各大型电子商务的独立仓储外,还设有公共仓储,为规模尚小或者不想建仓的电子商务企业提供上架、打包等一站式仓储服务,大型物流公司如邮政、顺丰、DHL 等与园区建立了战略合作关系;空港园区旁边就是杭州物流转运中心,顺丰、"四通一达"、FedEx、EMS 和中外运等近 20 家快递物流企业的区域性总部均设于此。

跨境电子商务园区的业务模式主要有网购保税进口、直购进口和一般出口等。 无论哪种业务模式,其物流流程都可以分为国际物流和国内物流。

（1）网购保税进口

网购保税进口是先有货再购买的过程,也就是海外企业将货物海运至国内保税仓库,国内消费者下单后从国内仓库发货的过程。 国际物流主要是海外企业通过物流公司（如中外运等）将货物海运至中国港口,国内物流包括转关和落地配,转关也可以由单独的物流公司承担,落地配主要由邮政 EMS、申通、中通、圆通、顺丰等快递公司承担。 详情如图 3-5 所示。

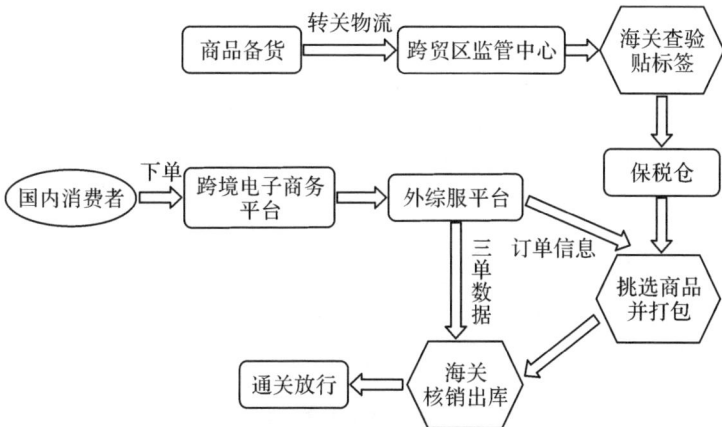

**图 3-5 杭州跨境电子商务园区网购保税进口模式流程**

（2）直购进口

如果说保税模式是保税仓先有货再购买，那么直购进口（俗称直邮模式）则是先购买再有货，即消费者先通过电子商务平台下单，电商收到订单后打包发货，通过国际物流（一般是空运）发送至保税仓，再由国内物流进行配送。详情如图 3-6 所示。

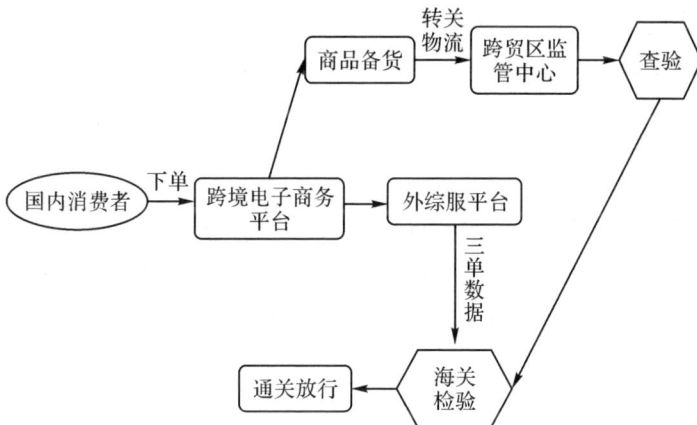

**图 3-6 杭州跨境电子商务园区直购进口模式流程**

（3）一般出口

一般出口模式（俗称直邮出口）是跨境 B2C 模式，海外消费者通过电子商务平台下单，国内商家通过物流运至海外，再由当地邮政或快递公司转送至海外消费者手中。 详情如图 3-7 所示。

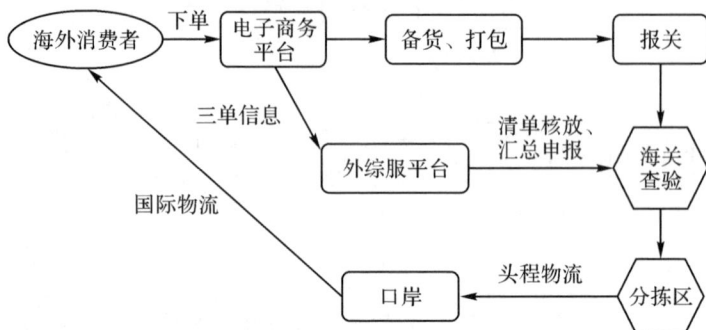

图 3-7 杭州跨境电子商务园区一般出口模式流程

### 3.1.4 跨境电子商务海外仓储状况分析

物流问题严重制约了跨境电子商务的发展，于是多数平台开始着手改变此困局。 海外仓储的建设逐渐被大卖家所追捧，发展到一定规模的电商都已经有相关打算。 进口电商天猫国际拟在全球五大洲建仓，京东在俄罗斯和东南亚地区拟建 2 个海外仓，洋码头在澳大利亚、美国等国拟建 16 个仓；出口电商速卖通已招募 2000 家海外仓外贸商。

本部分以杭州为典型案例进行跨境电子商务海外仓储状况分析。 根据中国（杭州）跨境电子商务综合试验区《实施方案》，试验区采取"一区多园"的布局方式，建设综合试验区线下"综合园区"平台，通过集聚电子商务平台企业、外贸综合服务企业、电子商务专业人才、电子商务专业服务等，提供通关、物流、金融、人才等"一站式"综合服务，有效承接线上"单一窗口"平台功能，优化配套服务，促进跨境电子商务线上平台和线下园区的联动发展，打造跨境电子商务完整的产业链和生态链。

第一，中国（杭州）跨境电子商务产业园（下沙园区）。 园区所在钱塘新区前身是杭州经济技术开发区，其是 1993 年 4 月经国务院批准设立的国家级开发区。 该园区于 2014 年 5 月 7 日开园，是全国首批集网购保税进口与海外直邮进口全业务于一体的跨境电子商务试点区，综合业务量名列全国前茅。

第二，中国（杭州）跨境电子商务产业园（下城园区）。业务包括一般出口和直邮进口。该园区于 2013 年 7 月开园，首创了"一次申报、一次查验、一次放行"的"三合一"模式，大幅提高了通关效率。

第三，中国（杭州）跨境电子商务产业园（空港园区）。该园区于 2015 年 2 月开园，业务包括网购保税进口和直购进口。根据规划，空港园区将通过 3—5 年的努力，成为中国（杭州）跨境电商综试区建设的主阵地，乃至全国跨境电子商务的集聚区和示范区。

第四，中国（杭州）跨境电子商务产业园（临安园区）。临安园区从 2015 年 5 月开始筹建，经过前期的土建、评审、设计，到中期的首批企业招租、服务、装修及公共区域的完善，于当年 8 月 11 日正式开园。园区一期总建筑面积达 1.8 万平方米，园区二期计划建设面积达 5 万平方米，现入驻企业 60 余家。临安园区致力于成为集跨境电子商务公共服务、培育培训、仓储物流、会议交流于一体的智能化、现代化跨境电子商务园区。

第五，中国（杭州）跨境电子商务产业园（江干园区）。江干园区于 2015 年 10 月 20 日正式开园，是综试区首批扩容的线下园区之一，曾获国务院副总理汪洋亲临指导。园区一期面积为 2 万平方米，已拥有贝贝网、酷云科技等跨境电子商务企业 100 余家，着力成为一个以跨境电子商务产业为核心、以龙头和品牌型总部企业为重点、以专业服务商为支撑的国内一流跨境电子商务产业专业园区。园区位于杭州城东、杭州钱塘智慧城核心区块内。园区内设施完善，配套齐全，布局合理，环境优美。

第六，中国（杭州）跨境电子商务产业园（富阳园区）。富阳园区以"一园多区，多点覆盖"的发展格局，先期重点建设东洲新区、银湖新区两大跨境电子商务产业园。目前园区总规划面积为 11.3 平方千米，其中银湖新区产业园为 3.8 平方千米、东洲新区产业园为 7.5 平方千米。

第七，中国（杭州）跨境电子商务产业园（拱墅园区）。拱墅园区的宗旨为致力于成为标杆性跨境电子商务生态园区；运营理念为一个平台、两个大厅、三个中心和四个单元，其中一个平台指跨境电子商务综合服务平台，两个大厅指跨境电子商务展示大厅、跨境电子商务服务大厅，三个中心指人才培训中心、创业孵化中心、社群交流中心，四个单元指公共服务单元、第三方服务商单元、小微孵化单元、成长型企业单元。

第八，中国（杭州）跨境电子商务产业园（桐庐园区）。 桐庐园区于2016年12月正式通过杭州市跨境电商综试办批复设立。 园区位于杭新景高速桐庐出口、杭黄高铁桐庐站附近，即桐庐县城中心位置，地理位置优越，配套设施完善，交通运输便利。 目前，桐庐园区内设有海陆跨境电子商务产业园和桐君跨境电子商务众创孵化园两个分园区。 其中，海陆跨境电子商务产业园总建筑面积为5.6万平方米、桐君跨境电子商务众创孵化园总建筑面积为2万平方米，两园区已入驻跨境电子商务及产业链企业50多家。

第九，中国（杭州）跨境电子商务产业园（余杭园区）。 余杭园区从空间布局、区域特点、产业发展上整体规划，围绕传统供应链和阿里巴巴总部的优势，由临平创业城、良渚文化城、未来科技城3个跨境电子商务产业园组成。 园区总规划面积为11.51平方千米，总建筑面积为22.4万平方米。 其中，临平创业城核心区为7.17平方千米，建筑面积为8.8万平方米，包括华星正淘跨境电子商务产业园及邮E邦跨境电子商务产业园及临平新城永安金鑫、麦道、CBC等楼宇；良渚文化城核心区为1平方千米，建筑面积为5.6万平方米，包括良渚亿丰时代大厦等区块；未来科技城核心区为3.34平方千米，建筑面积为8万平方米，包括华立创客社区、E商村、梦想小镇等区块。

第十，中国（杭州）跨境电子商务产业园（建德园区）。 建德园区于2016年6月30日正式开园，位于建德市中心城区雅鼎路666号，总建筑面积为5.3万平方米，分两期建设，首期面积为3.5万平方米。 园区不仅提供规范和高标准的商务、办公、仓储、商业生活配套等硬件设施，更重要的是整合了行业板块、产业链资源，提供了创业孵化、电商培训、人才服务、电商运营服务、互联网金融、O2O展示体验、网货分销体验、仓储管理、快递物流等一体化的全产业链服务，致力于打造区域领先的智能化、生态化跨境电子商务产业园。

第十一，中国（杭州）跨境电子商务产业园（西湖园区）。 西湖园区于2015年12月16日试运营，于2016年9月29日正式开园。 园区围绕"一核多点"建设发展，总规划占地面积为1平方千米，其中核心区规划建筑面积为14.5万平方米，一期已启动面积为3.6万平方米。 西湖园区未来将推动跨境电子商务自由化、便利化、规范化发展，打造成集跨境电子商务企业、电子商务平台、外贸第三方代运营、第三方支付、跨境供应链及物流服务、供应链金融、跨境法律及商标服务机构等于一体的园区，集聚产业链，同时设立中宙·信天翁跨境电子商务众创空间和跨境电子商务自创品牌区，培育孵化跨境电子商务创新型企业，实现西湖制造向西湖品牌的转型。

第十二，中国（杭州）跨境电子商务产业园（萧山园区）。萧山园区采用"政府主导、企业运作"模式管理运营。园区总体规划面积达 26 万平方米，园区区位优势明显，周边商业配套完善，整体坐落于萧山开发区，距离地铁二号线 700 米，距杭州主城区仅 20 分钟车程。园区充分发挥萧山区制造业产业基础优势和园区管理团队多年的跨境电子商务经验和资源，在萧山开发区信息港小镇的整体规划下，本着"一心一园一基地，多点发展"的战略定位，即市北区块（金一路 37 号）发展跨境电子商务办公产业园，桥南区块（鸿兴路 109 号）发展跨境电子商务仓储配运基地与周边创客新天地、女装城、珠宝城及浙江邮政基地等形成多点联合，利用 B 型保税区、陆路口岸和铁路贸易的优势，着力引入跨境电子商务大型平台服务商。

跨境电子商务有 B2B、B2C、C2C、B2B2C 等多种交易形态。中国（杭州）跨境电商综试区目前主要应用的是 B2C（商对客，即商业零售）交易形态，主要有 4 种模式：

第一，一般出口"9610"。通俗地讲，采用"清单核放、汇总申报"的方式，将货物通过国际邮包、快件运送出境。

第二，特殊区域出口"1210"。把商品按一般贸易形式出口到海关特殊监管区，如保税仓里，先整体退税，然后分批出运。

第三，直邮进口"9610"。即所谓的"海淘"。

第四，网购保税进口"1210"适用于试点城市，"1239"适用于非试点城市。也就是说，根据市场的预判，平台先采购货物，再放到保税仓里，然后根据接到的订单，向全国消费者发货。

## 3.2 跨境电子商务"四八新政"所产生的影响

自开展"双 11"电商购物狂欢节以来,跨境电子商务成为备受关注的热点。 跨境电子商务在政策红利下可谓是高歌远航,形势一片大好。 然而在跨境电子商务中消费者购买的商品究竟是"物品"还是"货物"曾引起激烈的讨论。 这其中跨境电子商务零售进口税收新政(简称"四八新政")曾引起轩然大波。

2016 年 4 月 8 日,财政部、海关总署、国家税务总局联合发布《关于跨境电子商务零售进口税收政策的通知》(财关税〔2016〕18 号)开始执行,内容主要体现在实施"正面清单"管理、调整限值规定和税收政策及部分通关单要求上。 "四八新政"一经推出就引发跨境电子商务行业人士的强烈反应。 随后相关部门考虑到政策实施的有效性,决定自 2016 年 5 月 11 日起给予 1 年的过渡期。 2016 年 11 月 15 日,商务部新闻发言人表示,为稳妥推进跨境电子商务零售进口监管模式过渡,过渡期限将延长至 2017 年底。 2017 年 3 月 17 日,经国务院批准,商务部会同相关部门明确,现阶段对跨境电子商务零售进口商品暂按个人物品监管(简称"'3·17'谈话")。 2017 年 9 月 20 日,国务院总理李克强主持召开国务院常务会议,决定将跨境电子商务零售进口监管政策过渡期再延长至 2018 年底。

## 3.3 跨境电子商务监管政策过渡期内应对措施及工作特点

### 3.3.1 率先形成可复制、可推广的跨境电子商务"杭州经验"

跨境电子商务零售进口监管过渡期内,中国(杭州)跨境电商综试区积极贯彻落实国务院有关跨境电子商务发展的精神,按照"在发展中规范,在规范中发展"的要求,对出境电商实施"前期备案、提前监管、后期跟踪、质量监控",对进境电商实施"提前申报备案、入区集中检疫、出区分批核销、质量安全追溯"的监管模式,作为"六体系、两平台"①杭州经验的重要组成部分,被国务院充分肯定,复制推广至全国。

### 3.3.2 积极开展跨境进口监管业务创新

一是全国首创"4 个机制"检验通关模式,制定了完整的"4 个机制"检验检疫及通关流程,制度创新走在全国综试区前列,一揽子解决了检测互认、口岸通关、第三方采信、二维码追溯等问题。 二是尝试跨境电子商务活水产业务。 通过设置科学合理的检验通关流程,于 2017 年 4 月首试了活水产业务,丰富了消费者的购物选择,为消费者带来了更好的购物体验。 三是开展跨境宠物食品试点。 为更好地发挥中国(杭州)跨境电商综试区的先发优势,杭州建设跨境宠物产业基地,开展跨境电子商务进境宠物食品试点业务,截至 2018 年底,备案宠物食品企业 42 家,下发检疫许可证 760 张,批准进境宠物食品数量达到 24 695 吨,货值约 19.4 亿元,考核通过 7 家指定监管场所。

### 3.3.3 大力推进跨境电子商务国家监测中心建设

"跨境电子商务商品质量安全风险国家监测中心"已于 2018 年完成监管大屏展示系统、跨境风险信息管理系统、风险监测分析决策系统、风险信息自动采集系统的一期建设。 与天猫国际、网易考拉、贝贝网、美图美妆、京东全球购等主要电子商务平台签订了质量共治合作备忘录,在数据互通、资源共享、技术交流、预检溯源等方面开展了深入合作。 此外,国家监测中心与德国联邦网络局、澳大利亚维多利亚州、新西兰大使馆、德国施巴公司、欧莱雅集团、上海交通大学、浙江大学等建立了长期合作关系,开展了跨境商品风险监测、商品检测互认、预检溯源、真伪鉴定、科研项目开发、技术团队交流等常态化的交流合作,有效提升了国家监测中心对质量安全风险的分析、识别和防控能力。

---

① "六体系、两平台"为共享服务体系、金融服务体系、智能物流体系、电商信用体系、风险防控体系、统计检测体系,线上"单一窗口"平台、线下"综合园区"平台。

## 3.4 监管政策过渡期内跨境电商综试区的发展情况

### 3.4.1 监管政策过渡期内跨境电子商务进口业务快速回升

过渡期的一再延长，充分体现了国家对新业态、新模式"包容审慎"的监管理念，保持了现有政策的连续性，稳定了行业预期，对于促进跨境电子商务零售进口发展具有积极作用，得到了行业企业的广泛支持。从杭州跨境电子商务零售进口来看，在过渡期政策的支持下，实现了快速发展。在中国（杭州）跨境电商综试区内，杭州海关在 2016 年验放进口商品申报单数为 2962 万单，货值为 57 亿元；2017 年验放进口商品申报单数为 4075 万单，货值为 81 亿元；2018 年 1—9 月验放进口商品申报单数为 4296 万单，货值为 83 亿元。总体来说，在监管过渡期内，经过中国（杭州）跨境电商综试区积极应对，"四八新政"对进口的负面影响逐步减小。

### 3.4.2 监管政策过渡期内跨境电子商务平台健康发展

网易考拉、天猫国际等杭州跨境电子商务进口零售龙头平台牢牢占据市场主要份额（2 个平台的进口量占全国跨境进口总量的一半以上），同时率先开设跨境电子商务零售线下体验店，通过线下流量带动线上成交，推动跨境电子商务零售进口的创新发展。其中，天猫国际发展成以母婴类、美妆类、保健品类、食品类、数码类为主要商品，产品来自 75 个国家，共开设 25 个国家馆，有 3700 个品类，超过 18 000 个品牌，业务规模年均翻番。网易考拉进口的主要商品种类涵盖母婴、美容彩妆、美食、营养保健、家居个护、时尚轻奢、服饰鞋包、手表配饰、3C 数码等，跨境 SKU 量超 20 万，主要涉及 19 个国家或地区，开设 11 个国家（地区）馆，销售额的年平均增速约为 120％。

### 3.4.3 监管政策过渡期内跨境电子商务配套服务产业迅速崛起

监管政策过渡期内,杭州跨境电子商务配套服务产业随着跨境电子商务的快速发展有了迅速崛起的机会。 一是智能物流仓储发展迅猛。 中国(杭州)跨境电商综试区联合市场主体建设新型基础设施,完善跨境电子商务生态体系,支持阿里巴巴在杭州建设全球首个智能物流枢纽(E-Hub),打造集秒级清关、智能分拣、极速配送于一体的基础设施,首期面积5.8万平方米已投入使用。 同时,新开辟的基于跨境电子商务出口的杭州至新西伯利亚、芝加哥、莫斯科、比利时列日等4条全货机航线,提升了跨境贸易物流效率。二是跨境电子商务第三方服务运营发展势头良好。 随着跨境进口平台在杭州的集聚和发展,各类代运营和服务机构在杭州茁壮成长,数字营销在杭州得到广泛应用,消费质量、消费体验不断提升。 三是商业模式和科技创新不断深化。 中国(杭州)跨境电商综试区积极实践"保税进口+实体新零售"模式,天猫国际和网易考拉在杭州布局线下展示店,实现全国首秀,推动消费升级。 海仓科技作为网易考拉主要的仓储物流服务商,依靠技术创新形成跨境电子商务领域智能仓解决方案,推动跨境电子商务发展,并通过大数据实现智能拣选、RFID(Radio Frequency Identification)的物联网技术的应用,实现商品溯源和防伪,同时提升了20%的发货效率。

### 3.4.4 跨境电商综试区积极建言献策

中国(杭州)跨境电商综试区积极建言献策,助力国家部委制定有关跨境电子商务零售进口过渡期后的监管方案。 2016年"四八新政"发布后,由中国(杭州)跨境电商综试区牵头,先后召开8次座谈会,听取企业和监管部门的有关情况和诉求。 鉴于2018年底跨境电商监管过渡期将再度到期,为贯彻落实国务院有关批复精神,更好地发挥跨境电商综试区"先行先试"的作用,在2018年国家商务部、财政部、国家税务总局在中国(杭州)跨境电商综试区调研期间,中国(杭州)跨境电商综试区会同有关部门和企业,积极反馈跨境电商进口及平台属性、适用税率、年度个人购物限额与限量和限模式控制要求等方面的诉求,建议将跨境电子商务零售进口商品继续按个人物品进行监管，为国家部委制定跨境电商零售进口过渡期后的监管方案提供实践依据。 新的监管方案已于 2018 年底出台。

## 3.5 跨境电子商务零售进口监管政策的调整

2018 年 11 月 28 日，商务部、发展改革委、财政部、海关总署、税务总局、市场监管总局发布了《关于完善跨境电子商务零售进口监管有关工作的通知》（以下简称《通知》）。 《通知》显示，自 2019 年 1 月 1 日起，跨境电子商务零售进口政策将调整。

### 3.5.1 解读《通知》具体内容和要点

《通知》显示，自 2019 年 1 月 1 日起，跨境电子商务零售进口政策将调整内容如下：

一是明确跨境电子商务零售进口商品监管的总体原则。 跨境电子商务零售进口不同于一般贸易，主要是满足国内居民品质化、多元化的消费需求，必须是直接面对消费者且仅限于个人自用；明确对跨境电子商务零售进口商品按个人自用进境物品监管，不执行首次进口许可批件、注册或备案要求；消费者自行承担相关风险。 这是有关具体监管要求的基础，也是行业企业最为关注的问题。

二是统筹考虑促进行业发展和保护消费者权益的要求，明确各参与主体责任：跨境电子商务企业承担商品质量安全主体责任；跨境电子商务平台须在境内办理工商登记，履行先行赔付责任；境内服务商受托承担如实申报责任；消费者承担纳税义务，自行承担相关风险；政府部门须对跨境电子商务零售进口商品进行质量安全风险监测。

三是进一步加大支持力度，扩大政策适用范围至杭州等 37 个城市（地区）的跨境电子商务零售进口业务。

### 3.5.2　跨境电商综试区工作建议

#### 3.5.2.1　开展新政等相关培训

跨境电子商务相关企业众多，同时存在大量国内电子商务相关企业希望转型成为跨境电子商务零售进口及出口企业或其第三方服务商，这部分企业对进出口监督管理的法律、行政法规和国家有关规定并不完全了解，在转型过程中极易产生相关监管风险。建议各地跨境电商综试办结合实际情况，为企业、园区业务负责人开展新政等相关培训。

#### 3.5.2.2　督促跨境电子商务企业建立不合格商品召回制度

相关部门按照《通知》要求加大对跨境电子商务零售进口商品的监管力度，消除已销售商品的安全隐患。建议跨境电商综试办联合市市场监督管理局加强网络商品质量抽检工作，强化企业主体责任，督促跨境电子商务企业建立不合格和缺陷商品召回制度。

#### 3.5.2.3　指导跨境电子商务企业、平台落实消费者权益保护要求

建议跨境电商综试办依托市市场监督管理局、跨境电子商务商品质量安全风险国家监测中心按照《通知》的要求进一步发挥跨境电子商务企业主体作用，以跨境电子商务平台为主要对象，指导跨境电子商务平台落实建立平台内交易规则、交易安全保障、不良信息处理等管理制度，建立风险防控体系，提升跨境消费纠纷解决效率。

#### 3.5.2.4　推进跨境电子商务主体数据部门间的共享

依据《通知》规定，包括跨境电子商务企业、平台和境内服务商在内的所有跨境电子商务相关企业，需在海关办理注册登记。而各监管部门根据不同使用目的对跨境电子商务主体数据均有需求。建议强化部门协同，推进海关、税务、外汇管理、线下园区等相关监管部门开放共享跨境电子商务主体数据，利于落实各项工作。

### 3.5.2.5　建议出台跨境电子商务治理相关规章

市场监督局在实际操作后反映，自《通知》发布以来，虽然对于跨境电子商务的规范具有较大指导意义，但是若前文提到的平台主体是境外的平台经营者，则没有相应的处罚手段。从当前的执行情况看，文件的法律效力相对较低，对业务监管部门的监管支撑不足。希望出台相应的部门规章，明确国家对跨境电子商务的总体监管思路，明确相应路线图，从而为监管部门做好下一步的监管工作提供依据与参考。

### 3.5.2.6　建议继续完善消费者退回商品的处理办法

消费者通过跨境电子商务渠道购买商品后，由于商品原因或者个人原因也可能申请退货。一般而言，跨境商品退货是比较常见的现象，但从行业经验来看，跨境商品整体退货率约为 5％，服饰类商品最高可达 30％。根据规定，消费者退回的跨境电子商务零售商品应当符合二次销售要求，并自海关放行之日起 30 天内以原状运抵原监管作业场所。然而，对超出 30 天的历史退货尚未有明确的操作规则。据天猫国际、网易考拉等企业反映，由于退货环节多、与消费者沟通需要时间等原因，走完一整套退货流程（从消费者提出退货申请到货物退运入区）大概需要 15 天时间。因而在实践中发现，虽然规定企业跨境退货商品申请时间为自海关放行之日起 30 天内，但是企业收到退货申请多数发生在商品发出后的 15—20 天，剩下处置时间便不足 15 天，这样便无法在规定时间内完成所有退货程序。结果便是影响消费者跨境电子商务个人额度返还，产生大量消费者投诉。对于此类情况，一般企业只能在线下与消费者协商，并由企业承担相关费用。并且，这些商品由于不能及时退回保税区做二次处理，只能暂时滞留区外，因而无法形成物流闭环。据网易考拉等企业反映，因各种原因无法退入保税区的各类跨境商品约数十万件，货值达上亿元，都滞留在保税区外的仓库，部分已因效期问题报废。

综合企业诉求，建议开辟超过 30 天的退货入保税区并退税、返还跨境电子商务消费额的政策渠道，或允许所退税款从企业下期汇总征税中扣减，或允许"不退不征"，即允许区外商品退回保税区再次售卖。

### 3.5.2.7 建议放开跨境电子商务溯源体系建设

根据主管部门相关规定,跨境电子商务企业应建立网购保税进口商品质量追溯体系。此外,部分试点城市也已经着手制订各自地区的溯源方案,且大多要求辖区内企业使用本地方案。然而,各地的溯源方案标准不一、形式各异,有的甚至指定机构独家经营,使得跨境电子商务企业在各口岸重复对接,甚至同一跨境平台销售的商品溯源方案也不统一。假设消费者从同一跨境电子商务平台上购买一批物品,其中包含从全国各个口岸发货的跨境电子商务商品,此时消费者就会对各地不同的溯源码感到疑惑。同时,部分地区要求在商品上粘贴实体溯源码,这会影响企业在全国各地仓开展口岸调拨业务,也会影响商品属性由跨境电子商务转一般贸易等业务,这不但降低了商业效率,增加了商家运营成本,也给消费者造成了心理困扰。

根据企业反映,商品溯源应当是一种企业主体责任行为,建议监管部门加快研究出台跨境电子商务溯源体系建设相关指导意见,明确溯源体系建设要求和通用标准,应该鼓励有能力的平台和商家自建溯源体系,同时鼓励建设第三方溯源系统,为没有自建能力的中小商家提供市场化服务。允许企业通过自建体系或者采用第三方体系的方式开展溯源。

### 3.5.2.8 全面落实跨境电子商务零售进口正面清单商品免于执行准入前注册审批等前置要求的规定

跨境电子商务零售进口解决的是消费者对境外品牌和商品的即时和多元化需求,国家已确认"按个人自用进境物品"监管原则作为长期的制度安排,不执行有关商品首次进口许可批件、注册或备案的要求。但在政策落地时,实际效果受具体执法要求的影响,导致正面清单内的部分商品无法真正落地开展业务。根据企业反映,如非疫情疫病区域和非疫情暴发期的宠物食品、燕窝等动物源性产品,部分口岸备案时仍要执行境外生产加工企业注册、检疫许可证、卫生证、原产地证的要求,隐形眼镜等已经进入正面清单的个人医疗器械商品中,仍无法免于前置审批手续而开展业务。此外,正面清单虽几经调整,但更新频率仍跟不上市场需求变化,同时部分商品在未实际试点之前，相关主管部门也很难对其可行性和监管风险进行有效的评估。

跨境零售进口业态本质上解决的是国内消费者对境外品牌和商品的即时和多元化需求，国家做出"按照个人自用进境物品"监管的制度安排，不执行有关商品首次进口许可批件、注册或备案要求，也正是对跨境零售进口业态这一本质需求的正面回应。但是据企业反映，在实际推进中，各口岸对于不同类目商品进境监管要求差异较大，对有些品类仍然部分按照一般贸易准入监管。例如，涉及 3C 认证的消费品，在部分口岸仍然无法顺利备案；已经进入正面清单的、消费者又确有需求的个人医疗器械商品，也仍无法免于前置审批手续而开展业务。为此，建议主管部门真正落实国家对跨境零售进口商品不执行准入前注册、备案、审批等前置要求的规定，推动正面清单商品真正能够更加便捷地到达消费者处。

# 4 跨境电商综试区评价研究

中国跨境电商综试区是中国设立的有跨境电子商务综合性质的先行先试的城市区域。2015 年 3 月 7 日，国务院批准设立中国（杭州）跨境电子商务综合试验区。

2016 年 1 月 6 日，国务院常务会议决定，在宁波、天津、上海、重庆、合肥、郑州、广州、成都、大连、青岛、深圳、苏州等 12 个城市新设一批跨境电商综试区，用新模式为外贸发展提供新支撑。

2018 年 7 月 24 日，国务院同意在北京、呼和浩特、沈阳、长春、哈尔滨、南京、南昌、武汉、长沙、南宁、海口、贵阳、昆明、西安、兰州、厦门、唐山、无锡、威海、珠海、东莞、义乌等 22 个城市设立跨境电商综试区。截至 2019 年底，全国范围内共有 35 个跨境电商综试区。

伴随着中美贸易摩擦程度的加深，国家同意在这些城市设立中国跨境电商综试区，旨在通过在跨境电子商务交易、支付、物流、通关、退税、结汇等环节的技术标准、业务流程、监管模式和信息化建设等方面先行先试，通过制度创新、管理创新、服务创新和协同发展，破解跨境电子商务发展中的深层次矛盾和体制性难题，打造跨境电子商务完整的产业链和生态链，逐步形成一套适应和引领全球跨境电子商务发展的管理制度和规则，为推动中国跨境电子商务健康发展提供可复制、可推广的经验。

## 4.1 跨境电子商务评价体系回顾

### 4.1.1 当前评价指标概述

由于跨境电子商务是一个新兴交易媒介，对其的理论研究和行业实践均发展迅猛。 因此，在当前形势下需要综合考虑并提出相应方面的指标因素对跨境电商综试区的发展水平、状态、绩效、能力等进行综合评估研究。

对于如何建立我国跨境电子商务发展评价指标体系，国内外学者做了一系列的研究。 如，Martens & Turlea（2012）提出应综合成本优势、在线支付和物流模式等因素评估跨境电子商务的总体发展；Asosheh, Shakidi & Khodkari（2012）从信息层、业务处理层和内容层 3 个层面构建指标体系，提出 B2B 电子商务"本土化评估模型"。 杨坚争和于露（2014）提出依据跨境电子商务的交易流程，从网络营销、国际电子支付、电子通关、国际电子商务物流和电子商务法律等 5 个方面建立发展评价指标体系；赵志田和杨坚争（2014）构建了综合评价跨境电子商务能力水平的模型，并基于全国 662 家企业数据进行实证检验，同时对浙江和广东两省企业跨境电子商务能力水平进行了综合评价；熊励、赵露和孙文灿等（2016）通过扩展关系数据库将跨境电子商务分解为跨境主体、跨境环境和配套服务 3 个维度，设计了包含内贸网商密度、外贸网商密度、网购消费者密度、物流公司站点密度、支付企业覆盖数量、海关管理效率、进出口效率、物流服务水平、电子支付服务水平、信息技术发展水平等指标的评价体系，以判断我国跨境电子商务的总体发展状况；熊励和杨璐（2016）基于技术—组织—环境（Technology Organization Environment, TOE）框架，从跨境电子商务业务流程的角度，建立了包括跨境电子商务基础设施建设（与信息技术相关的硬件基础设施）、物流发展状况（物流技术应用水平、供应链物流管理水平）、通关综合速度（电子报关、货物查验等一站式通关服务水平）、支付发展水平（电子支付工具、安全性等与跨境支付相关的系统应用水平）及跨境电子商务的环境支持水平（相关资源支持、政策支持及制度保障）等方面的指标体系，以评估区域跨境电子商务的综合发展水平。

除了对跨境电子商务的研究，学术界对具有中国特色的跨境电商综试区的研究也逐渐起步。针对跨境电商综试区综合发展水平，苏为华（2017）从基础能力、服务支撑、发展潜力 3 个方面进行测度。同时，对国家前两批跨境电商综试区在 2016 年的发展水平进行了综合测度，并因地制宜地提出了对策建议。具体指标见表 4-1。

表 4-1　跨境电商综试区综合发展水平的测度体系及指标权重

| 指　标 | 二级指标 | 指标解释 |
|---|---|---|
| 基础能力 | 跨境网商密度 | 指该地区总人口中跨境网商数量的比重,基于 B2B 网商和零售网商角度,反映该地区电子商务创业的活跃程度 |
| | 跨境网购密度 | 从跨境网购消费者的角度出发,体现该地区跨境网购消费的活跃程度 |
| | 跨境电子商务交易额 | 从广度上说明该地区跨境电子商务的基本发展状态或活跃程度 |
| | 跨境电子商务交易额占进出口总额的比重 | 从深度上反映该地区跨境电子商务对进出口交易的影响程度 |
| 服务支撑 | 与跨境电子商务相关的监管及服务性政策法规项数 | 说明了政府对跨境电子商务的政策扶持力度 |
| | 第三方支付企业数量 | 体现了该区域完成跨境电子商务交易的能力 |
| | 快递包裹量 | 从产品运输的角度反映该地区商品的运转能力 |
| | 跨境电子商务园区数量 | 反映了支撑跨境电子商务活动的客观基础设施的建设情况 |
| 发展潜力 | 创新能力 | 说明了该区域创新的活跃程度,可以作为衡量该综试区管理创新、制度创新和服务创新潜能的基本元素 |
| | 信息基础设施 | 基于移动电话用户普及率、电脑拥有量所占比重和互联网普及率计算得到,体现了公众使用相关信息技术的情况,能够表示该综试区发展的信息基础水平 |
| | 人力资源水平 | 体现了该区域的人力资本状况,能够反映综试区发展的基本潜力 |
| | 政府服务能力 | 反映了政府依法为民服务的能力和水平,也体现了政府通过信息技术为综试区服务的基本效率 |

来源：苏为华（2017）。

除了学术界,行业界也关注了此问题。 2018 年 7 月 19 日,中国电子商务研究中心发布了《2017 年度中国城市跨境电商发展报告》,对全国前两批 13 个跨境电商综试区城市进行分析,并从交易规模、成长空间、产业渗透、支撑环境、平台集聚这 5 个指标对它们进行总体排名。

### 4.1.2 当前评价指标研究评述

综上所述,部分学者虽然研究了跨境电子商务的评价指标体系,但存在以下几点问题:

第一,数据来源复杂,导致结论不一。 跨境电子商务是一个新兴产业,尚没有完整、标准的数据收集体系,容易使得不同学者间的评价结论不一致。

第二,对跨境电子商务总体发展水平的评估大多局限于交易额这个单一指标,个别学者构建的多指标评价体系虽各有特点,但缺乏全面性。

第三,现有文献以跨境电商综试区为基本对象进行研究的较少,主要以前两批 13 个跨境电商综试区为样本,这样不符合全国跨境电商快速发展的形势及跨境电商综试区快速扩容的趋势,具有一定的滞后性。

第四,考虑到综试区是中国国情下发展跨境电子商务的主要手段,需要通过制度创新与监管创新,以保障跨境电子商务的健康发展,因此,对其进行评估与测度具有重要的价值。

## 4.2 跨境电子商务覆盖面、渗透率概念的提出

随着跨境电子商务的高速发展,电子商务在我国进出口贸易中的比重将越来越大,且市场潜力巨大。 鉴于中美贸易摩擦加剧及国际经济低迷的现实,进一步改善外贸环境、强化政策保障、创新和完善多种贸易平台成为促进外贸企业竞争力增强的主要发力点(鲁钊阳,2018)。 同时,创新经营模式,促进跨境电子商务的创新发展,已经成为加快转变外贸发展方式的新手段(刘敏姣,2017)。

　　跨境电子商务作为"互联网＋外贸"的新型业态，一般认为，是指分属不同关境的交易主体，通过电子商务平台达成交易、进行支付结算，并通过跨境物流配送商品、完成交易的一种国际商业活动。 跨境电商综试区是中国国情下发展跨境电子商务的主要手段，但是学术界对跨境电商综试区发展评价指标及其定义尚未明确定论。 目前我国跨境电商综试区逐渐孵化形成"互联网＋跨境贸易＋中国制造"的重要跨境电子商务产业走廊。

　　目前，国家所批准的前三批跨境电商综试区的战略地位、地理位置、人口规模、产业特点、经济基础和配套设施均不相同，因此，需要一种概念新颖、起点相似、潜力巨大、促进发展的评价指标来指引各地跨境电商综试区的发展。 跨境电商综试区主要强调跨境电子商务产业链和生态链的建设。 本书针对当前跨境电商综试区评价中的瑕疵，创造性地提出了跨境电子商务覆盖面、渗透率的概念，构建跨境电商综试区的评估测度指标，为将来管理创新、制度创新和服务创新打下坚实的基础。

　　基于上述理解，本书将以跨境电商综试区为基本研究对象，在现有的基础上，建立与跨境电子商务发展水平相对应的指标体系，综合评估 35 个综试区在发展中的优势与劣势，并提出相应的对策与建议。

### 4.2.1　对跨境电子商务覆盖面、渗透率的描述

　　覆盖面一般指在研究中某个概念的普及程度，例如失业保险覆盖面。 覆盖率、渗透率早期多见于林业与岩体方面的研究，如森林覆盖率、岩体渗透率。 因而可以得出，跨境电子商务覆盖面表示整个地区从事跨境电子商务业务的企业数量的普及度，主要以跨境电子商务覆盖率等指标来体现。 通俗地讲，即形容一个人是否胖，主要以体重等指标来体现。

　　本书借鉴市场营销、客户关系管理等学科理论有关覆盖率、渗透率的概念，提出跨境电子商务覆盖面、渗透率的定义，即：

　　*跨境电子商务覆盖面是在跨境电商综试区范围内从事跨境电子商务业务的企业的覆盖程度，包含跨境电子商务行业覆盖面、跨境电子商务业务覆盖面、跨境电子商务部门覆盖面、跨境电子商务人才覆盖面和跨境电子商务产品覆盖面等。*

　　*跨境电子商务渗透率是在单个跨境电商综试区范围内企业跨境电商业务*

占企业总业务的比例。

跨境电子商务覆盖面主要从横向角度强调综试区内总企业的占比，跨境电子商务渗透率主要从纵向角度强调综试区内单个企业内部的占比。

### 4.2.2 测算方法

测算方法举例说明如下：

（1）跨境电子商务企业覆盖面

跨境电子商务企业覆盖面＝地区跨境电子商务企业个数/地区外贸企业个数×100％。

（统计口径：在线上综合服务平台备案的跨境电子商务企业数/地区外贸实际业绩企业个数。）

（2）跨境电子商务渗透率

跨境电子商务渗透率＝企业跨境电子商务业务交易额/企业所有业务交易额×100％。

（统计口径：在线上综合服务平台备案的跨境电子商务企业业务收入额/总业务收入额。）

## 4.3 跨境电商综试区评价体系构建

跨境电子商务迅猛发展的同时，新问题层出不穷，其所涉及的交易、税收、电子支付、消费者权益保障等一系列问题对电子商务法律体系的建立和完善提出了更高的要求（杨云鹏，2018；CHEN，2017）。对于跨境电子商务业，目前已经有《电子商务法》等几部相关法律法规，对于跨境电子商务涉及的交易、税收及消费者权益保障等方面已有专门的规范和标准。另外，对于不同的电子商务经营者重点关注的诸如法律管辖冲突、隐私权与消费者保护问题，电子商务交易平台的法律责任问题，跨境电子商务兼并收购的法律问题等，未来有极大的立法空间（赵骏，2017；汪旭晖，2018）。完善海关监管措施、检验检疫监管措施、进出口税收、电子商务支付结算管理及对跨境电子商务企业的财政金融支持等方面的政策，促进跨境电子商务持续快速发展（马述忠，2018）。

根据政府工作实践，宏观政策包含减税降费、政府采购引导、产业配套及制度标准制定等。在跨境电子商务发展的过程中，政府可以为企业提供与产业发展相关的硬件条件，比如对供应链中的物流网络及物流设施进行系统性的规划，为相关大型项目的建设提供财政补助及政策辅助。在产业政策的刺激下，企业的营业收入能够快速增加。

为进一步激发消费潜力，满足国内消费者日趋多元化、个性化的消费需求，国家有关部委延续和完善了跨境电子商务零售进口政策并扩大适用范围，部署推进物流枢纽布局与建设的战略。国家宏观政策的内容围绕优化跨境电子商务发展制度环境、加强线下载体建设、壮大跨境电子商务业务规模、完善跨境电子商务综合服务体系等多个方面展开，国家依托跨境电商综试区与其他综合保税区重点发展保税 B2B、B2C 进出口业务，推动企业、行业发展，同时通过政策引导、环境氛围营造构建起了跨境电子商务生态的支撑体系（苏为华，2017）。

在这一大背景下，国内消费者逐渐适应在跨境进口电子商务平台中通过跨境电子商务企业、平台和支付、物流服务商所提供的优质服务来满足自己的个性化、差异化需求（李凌慧，2017）。

### 4.3.1 指标设置

基于上述思考，遵循综合评价指标体系设计的原则，本书构建了包括跨境电子商务覆盖面、跨境电子商务渗透率、基础能力、生态潜力等 4 个维度的指标体系（见表 4-2）。其中，跨境电子商务覆盖面立足于宏观角度，反映当前跨境电商综试区发展的广度状况。跨境电子商务渗透率立足于纵向角度，反映当前跨境电商综试区发展的深度状况。基础能力，基于总量（规模）指标，反映当前跨境电子商务综试区发展的基本状况。生态潜力则立足于地区视角，从区域的跨境电子商务创新活跃程度、跨境电子商务生态发展状态、跨境电子商务人力资源水平及政府政策创新、扶持效率等角度综合反映综试区进一步发展的潜力。

表 4-2 跨境电商综试区综合发展水平的测度体系及指标权重

| 指 标 | 二级指标 | 指标解释 |
|---|---|---|
| 跨境电子商务覆盖面 | 核心指标 | 从广度上反映了跨境电子商务对该地区产业的影响程度 |
| 跨境电子商务渗透率 | 核心指标 | 从深度上反映了跨境电子商务对该地区产业的影响程度 |
| 基础能力 | 进出口总额 | 一般贸易与跨境电子商务交易总额 |
| | 跨境电子商务企业数量 | 体现了该区域从事跨境电子商务交易的企业规模 |
| | 跨境电子商务交易额 | 说明了该地区跨境电子商务的基本发展状态 |
| | 跨境电子商务产业规模 | 说明了该地区跨境电子商务的产业支撑力度 |
| 生态潜力 | 跨境电子商务创新能力 | 说明了该区域跨境电子商务创新的活跃程度，可以新产品、新服务、新模式的数量来衡量 |
| | 跨境电子商务生态发展水平 | 体现了该区域跨境电子商务生态的布局状况，包含平台、制造、设计、金融、物流、运营、营销、其他服务商等 |
| | 跨境电子商务人力资源水平 | 体现了该区域跨境电子商务人才从业数量和状况 |
| | 与跨境电子商务相关的政策、法规的创新内容数 | 说明了政府的政策创新强度，以及对跨境电子商务的扶持力度 |

由于目前国家鼓励跨境电子商务企业快速发展，除了适用一般贸易领域的出口退税、研发费用抵扣、产业园租金补贴、各类工商注册登记费用减免、人才引进费用补贴等优惠政策外，在部分地区具体的扶持配套举措还包含或新出台了增值税 VAT（Value Added Tax）无票免税措施、通关便利化措施、收结汇便利化措施等利好政策。这些因素可视为与跨境电子商务相关的政策、法规的创新内容数。

跨境电子商务交易额是按照海关口径统计、商务部口径统计，还是按照综试区自证交易口径统计，是需要各地统一标准的。

### 4.3.2　应用价值

由于综试区主要是通过政府监管与服务加快跨境电子商务发展，针对全国跨境电商综试区外贸基础不同、互联网环境不同、政策扶持力度不同等诸多问题，跨境电子商务覆盖面、渗透率测度算法的建立，应用价值体现在：

第一，有利于各地跨境电商综试区拥有统一的、标准化的评价指标，为发展不平衡的各地跨境电商综试区，提供一个起点相对公平的参照体系。

第二，有利于各地政府明确跨境电商综试区发展方向，聚焦工作重心，优化行政资源配置。

第三，有利于国家评估各地跨境电商综试区建设进展，为下一步工作部署提供决策依据。

# 5

## 跨境电子商务对自主品牌培育的带动作用

在国际贸易摩擦日益严峻的大环境下，跨境电子商务在全球范围内越来越普及，也受到越来越多的重视。跨境电子商务的竞争逐渐激烈，平台和海外仓的红利已逐渐释放，各国对跨境电子商务的监管逐渐严格，已占据市场优势地位的企业对小企业造成的压力也逐渐加大。因此，跨境电子商务企业将不得不在市场、人才和品牌建设方面投入更大的力量，从拼价格向拼品牌转变。目前正是中国企业通过"一带一路"走向全球的时代，跨境电子商务是中国企业走出去、开展全球在线零售和建立全球品牌的最好工具。

出口跨境电子商务经过数年的孕育和发展，已经让一部分工厂型的跨境卖家意识到了培养品牌的重要性，他们开始从后端走向前台，构建自身的海外销售渠道，试图改变传统的 OEM 贴牌模式，在扩大出口交易额的同时构建起独特的竞争壁垒，从而建立海外客户对自身品牌的认知。同时，平台自有品牌化战略将会进一步缩小原有小型卖家的生存空间。供应链管理水平与产品品牌经营能力将成为出口跨境电子商务卖家的核心竞争力。就卖家自身而言，品牌化将成为其持续竞争的内生动力。

## 5.1 中国自主品牌的发展现状

自主品牌（Self-owned Brand）是指由开发主体自主开发，并拥有自主知识产权的品牌。 自主品牌不仅可以从企业层面包括管理、创新、组织、文化等方面着手建设，而且可以通过产业集群参与基于国际分工构筑的集群品牌或区域品牌进行建设。 我们发现，中国自主品牌建设正在从单纯的产品质量阶段、广告营销阶段、技术和模式创新阶段向品牌个性阶段、体系质量阶段、品牌生态培育阶段、国家整体品牌形象塑造阶段转型升级。 中国自主品牌经过改革开放 40 多年的积累和由粗放向精细的发展，在新旧动能转换中发挥着引领作用，自此，中国自主品牌建设迎来了真正的以世界眼光、国际标准、中国特色塑造品牌的科学发展新阶段。

本部分将结合传统国际贸易发展自主品牌的背景，从发展现状、走出去的壁垒和难点 3 个方面，对自主品牌的发展现状进行分析评价。

### 5.1.1 自主品牌在传统贸易环境下培育的现状

改革开放 40 多年来，我国经济取得了举世瞩目的成就，我国经济总量和进出口总额位居世界第二，是世界第一大出口国、第一制造大国。 伴随改革开放的持续深入，一大批中国品牌已在世界舞台崭露头角，中国正在由制造大国崛起成为品牌大国。 2018 年 7 月最新发布的《财富》世界 500 强排行榜中，我国有 120 家企业进入榜单，我国企业的规模与品牌价值正在快速上升。我国自主品牌在传统贸易环境下的发展呈现四大亮点：一是自主品牌建设全面升级；二是"中国制造"向高品质迈进；三是自主品牌的国际影响力大幅提升；四是创新引领品牌发展成为共识。

诚然，我国自主品牌建设取得了骄人的成绩，但由于受传统贸易环境固有的模式缺陷影响，中国外贸出口生产商和贸易商往往很难直接针对境外消费市场开展直接营销，这加大了培育自主品牌、提升品牌国际竞争力的难度。其中，主要存在如下问题：

（1）传统贸易模式已成为制约自主品牌高速发展的主因之一

我国传统对外贸易形式在诸多方面已表现出不符合新零售业态和新贸易模式发展的趋势：中间环节过于烦琐，交易成本居高不下；割裂的国际产业链，信息不畅造成产能过剩，品牌效应不强；新技术、新手段无法依托传统模式释放出最大效用。以上这些因素制约着我国自主品牌的建设和发展，无法进一步提升自主品牌的国际竞争力。

（2）传统贸易模式不适合新的国际贸易规则

中国自主品牌企业特别是小微企业面临着新型国际贸易规则的适应压力。在传统贸易环境下，自主品牌企业处于一个相对稳定的贸易竞争和贸易关联状态。跨境电子商务的发展，逐渐打破了旧有的贸易网络，诸多原有的贸易关系不复存在，新的贸易关系不断呈现。这些变化都成为中国自主品牌企业面临的挑战。

（3）传统贸易模式不利于小微企业塑造自主品牌

传统贸易环境下，小微企业处于相对弱势的地位，话语权很小，甚至没有话语权。国内众多小微企业在传统贸易模式下，长期处于贴牌加工生产的地位。小微企业受渠道、资金、产品和技术等方面的制约，面对跨国大公司的竞争，无法通过集聚各类资源，发展自身的品牌，进行品牌的塑造。

### 5.1.2 自主品牌并购国际品牌过程中的壁垒

中国自主品牌开始频繁地开展对国际品牌的并购的主因：一是国内市场饱和，各企业纷纷通过兼并等方式，吸收开拓国际市场，将跨国经营品牌作为企业未来发展的主要动力；二是企业把吸收国外品牌背后的新技术作为兼并重点，几乎所有被兼并企业都拥有众多专利或前沿技术；三是一些大企业借海外兼并实施企业结构调整。诚然并购国际品牌可以加快自主品牌的建设与发展，但并购过程并非一帆风顺，常会遇到一些壁垒。

（1）东道国政治与政策保护

近年来，随着中国对外投资覆盖的行业及国家与地区的不断增广，中国企业跨国并购国际品牌的投资规模越来越大，且并购涉及的高端技术项目不断增加，而一些东道国出于意识形态的偏见，出于对本国品牌的保护，对来自中国的并购投资设置各种政治与政策壁垒，以国家安全等理由进行干预，对中国企业的跨国并购行为进行过度解读。

（2）并购国际品牌的政策引导缺乏

由于中国跨国并购起步较晚，并购跨国品牌经验尚且不足，实践中存在跟风冒进的现象，有一部分实际上跟我国对外投资的产业政策要求不符合，比如大规模盲目投向体育、娱乐等领域的品牌并购，对国内产业发展的意义不大。自主品牌并购国际品牌要符合国家产业政策，要根据我国各产业的国际竞争力状况进行。

（3）企业跨国并购的服务体系不完善

跨国并购涉及东道国法律、财务等规则，而由于我国中介服务不够完善，国内企业通常需要高价聘请国外中介提供服务，国内自主品牌在跨国并购过程中获得中介服务的成本过高，对企业顺利推进跨国并购不利。

（4）跨国并购中的"中国溢价"现象

所谓"中国溢价"现象是指在跨国并购中，多家中国企业为了竞购目标企业，常报出大大高于目标企业正常市场价值的竞标价格的现象，甚至有些国外企业为了抬高并购价格会有意邀请中国企业参加竞价，其目的是多拉几家中国企业去相互抬价，甚至只要有中国竞购者加入，海外卖家就直接抬高收购价。

（5）跨国并购后的整合问题

跨国并购并非国内外企业的简单相加，其涉及企业全球战略、组织结构和文化等多方面的整合，因此必须通过有效的整合使得被并购的国外企业和原有企业形成一个有机的整体，这样才能实现并购的目标，最终起到促进国内产业升级的作用。

### 5.1.3　自主品牌培育过程中遇到的难点

当前，在中国经济从要素规模驱动向创新引领驱动转变的关键时期，自主品牌战略的地位和作用正在从辅助、支持向引领、支撑升级，在推动供需结构升级的整体战略中，其正在成为发展的新动能、驱动的新模式、增长的新力量。但在自主品牌培育的过程中，依然存在一些难点，特别是小微企业由于自身实力和资源的不足，面临的困难更大。

（1）培育时间短，品牌缺少强势效应

自主品牌是企业自主开发、拥有自主知识产权的品牌，是实现企业价值的核心能力，也是行业发展水平的重要标志。国外企业都是经历长时间的波折和探索才形成强大的品牌影响力。我国的品牌建设，除少数大型企业有长达30年的培育时间，大部分小微企业创立时间不长，面临培育时间短、品牌效应不足的困境。

（2）核心技术缺乏支持，资本与人才投入不足

过去"中国制造"大多处于制造业价值链的低端，核心技术不足，缺少有自主知识产权的专利和技术标准的产品。当前国内企业的创新能力与研发能力日益增强，但与欧美发达国家的企业相比，还存在一定的差距，特别是小微企业，在核心技术研发投入上捉襟见肘，难以进行大规模的核心技术创新升级。

（3）自主品牌的营销策略不成熟

品牌营销是通过市场营销使客户形成对企业品牌和产品的认知过程。长期以来，我国多数企业主要以产品和价格的策略来参与并赢得国际市场竞争，而忽视了品牌营销的策略。随着互联网的发展，酒香不怕巷子深的时代已经成为过去，品牌营销的重要性不言而喻。小微企业相对于大型企业而言，更加缺乏营销方面的人才和储备。

（4）国际分销渠道掌控力缺失

传统贸易模式下，国际分销渠道的最后一段，往往掌握在国外渠道商的手中。在这种情况下，具有渠道管理能力的企业，才有通过分销渠道影响境外消费者的能力。渠道的缺失，还包括缺少在中间环节的批发、分销等系统中的掌控能力，从而不能形成对行业中的各种渠道的管控能力。在传统贸易模式下，我国企业对分销渠道的掌控较弱，导致无法开展品牌运营。

（5）疏于管理，影响品牌形象

品牌形象是指企业或其某个品牌在市场上、在社会公众心中所表现出的个性特征，它体现了公众特别是消费者对品牌的评价与认知。中国自主品牌企业，无论是大型企业还是中小微企业，对品牌形象的重视程度均落后于国

外企业，多数不成功的品牌建设都源于企业自身的管理经营不善，从而影响到企业品牌形象。

## 5.2 跨境电子商务对自主品牌培育的带动作用

跨境电子商务平台作为交易磋商与服务的载体，具有跨空间、跨文化、跨社会心理的特点，在平台各种规则机制的调整下，卖家和买家之间有平等的交易模式，能消除虚假影响，卖家可以更专注于做好产品、营销和服务，从价格竞争阶段，进入差异化品牌竞争阶段，从而推动对自主品牌的培育。

### 5.2.1 跨境电子商务对传统贸易流通环节的变革

随着信息技术的进步和经济全球化的发展，消费者的消费行为和消费习惯已发生显著变化。跨境电子商务迅速崛起，加快了全球商品贸易流通速度，从而有效减少了传统贸易流通的环节，使其产生了重大变革，同时传统的订单模式正在悄无声息地发生着变化：越来越多的大额订单被小额订单所取代。这些小额订单正是小微企业在互联网模式下生存发展壮大的见证。依据我国商务部的统计，2019 年我国小微企业在跨境电子商务平台注册的比例已经达到 95% 以上，这充分说明跨境电子商务平台已经成为我国小微企业发展的重要阵地。跨境电子商务在国际贸易流通环节的优势主要体现在如下几个方面：

（1）跨境电子商务有效地减少了贸易流通的环节，商品交易的效率不断提高

以国内小微企业生产的商品销售给外国的消费者为例，传统贸易模式（见图 5-1）是首先由国内小微企业制造商生产产品作为起点，再将产品销售给外国的进口商。之后，贸易流通过程中的其他环节，均不由我国的国内生产商或出口商控制。后续的营销、品牌培育等过程，由外国进口商、外国批发商，以及外国的零售商控制，此后的基于品牌价值的收益，均由外国的企业所获取。

传统
外贸 中国生产 ⇨ 中国 ⇨ 外国 ⇨ 外国 ⇨ 外国 ⇨ 外国
商/制造商 出口商 进口商 批发商 零售商 消费者

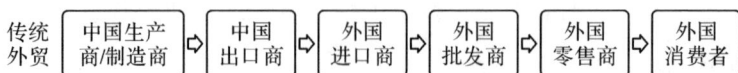

**图 5-1  传统贸易的流通环节与过程**

来源:跨知通公司。

跨境电子商务模式是提供多样性的国际流通环节的组织,既可以提供跨境电子商务平台,直接面对外国消费者(见图 5-2 的第三条路径),也可以把商品大批量地卖给外国网商(见图 5-2 的第一、二条路径),即使采用了第一、二条路径,仍然可以对外国消费者开展营销,培育消费者的品牌忠诚度。

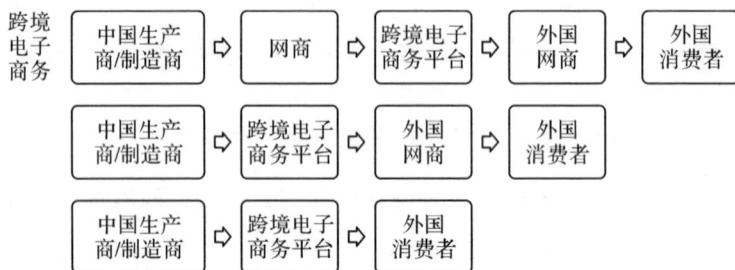

跨境
电子
商务
中国生产 ⇨ 网商 ⇨ 跨境电子 ⇨ 外国 ⇨ 外国
商/制造商 商务平台 网商 消费者

中国生产 ⇨ 跨境电子 ⇨ 外国 ⇨ 外国
商/制造商 商务平台 网商 消费者

中国生产 ⇨ 跨境电子 ⇨ 外国
商/制造商 商务平台 消费者

**图 5-2  跨境电子商务贸易的流通环节与过程**

来源:跨知通公司。

通过对图 5-1 和图 5-2 中传统贸易和跨境电子商务贸易的流通环节与过程的比较,可知跨境电子商务组织了多种形式的商品传递过程,以及直接的信息传递与沟通,从而为品牌营销提供了便利。

(2)跨境电子商务的贸易模式有效地增强了企业的盈利能力

在我国传统的贸易生产中,生产企业仅仅需要做好生产工作,其他工作全部由代理公司来完成,国内外的消费者与生产商之间存在着多个交易环节,每经过一个环节都会加一层利润,小微企业可获取的利润很低。 通过跨境电子商务平台,小微企业打破了中间商的垄断,消费者可以在互联网平台上挑选适合自己的产品,跨境电子商务平台已经取代了中间商成为为小微企业服务的平台,不断为小微企业提供服务,降低其成本,增加其利润。

(3)小微企业参与跨境电子商务门槛较低,参与外贸变得越来越容易

跨境电子商务平台 Amazon、eBay、Aliexpress 等在为小微企业提供通

关、集货配送等服务时收取较低的费用，这为小微企业在不具备进出口资质的情况下提供高效低价服务做出了重要的贡献。

（4）跨境电子商务有效强化了小微企业产品的市场定位

发展相对成熟的跨境电子商务平台有专业的团队对小微企业的产品进行把控和操作，可以有效引导小微企业开展有针对性的创新，帮助其对客户进行精准定位，寻找到真正有需求的客户。

### 5.2.2 跨境电子商务对传统外贸制造业变革的推动

制造业是人们认识和解释中国经济增长的一个主要切入点。 在经济发展日益全球化的今天，凭借低廉的劳动力成本和巨大的市场潜力等优势，许多跨国企业为了重新调整资源在价值链上的分布结构，舍弃了利润越来越低的制造环节，将其外包。 结果是，在过去 30 年，中国很多开放地区大量地吸收了国际跨国公司的直接投资、产业转移和外包订单，使一些劳动密集的、附加价值较低的、以加工贸易为主的制造业得到了迅速的成长。 目前，中国的许多产品都是以 OEM 方式进行外贸出口的。 在美国商场里，诸如纺织品、玩具、电话等几乎一半以上是贴着外国商标的中国制造品。 中国已经成为世界制造业大国，名副其实的"世界工厂"。

但是，企业从事多年的 OEM 生产之后，有可能对市场失去了应有的敏锐性，认为设计和销售都与自己无关。 而市场始终是企业经营的风向标，一个忽视了市场的企业必将被市场淘汰。 特别是技术这一关键生产要素控制在跨国公司手中，使得国内企业只能从事低附加值生产，利润中的 70％—80％都被跨国公司收入囊中。 同时，随着我国经济发展与社会进步，劳动力成本已经在逐渐上升，这样必然会逐步失去相对优势。 目前，很多跨国企业的 OEM 业务已经转向印度及东南亚等国家和地区。

为了实现我国制造业的持续发展，必须改变其在现有的全球分工中的地位，逐渐从 OEM 向 OBM 过渡，通过自主研发向高附加值的环节攀升，拥有自主产权并建立自己的品牌，从而获得长久的竞争优势。 而跨境电子商务正为制造业的这种变革提供了可能。 在跨境电子商务模式中，中国电子商务卖家直接从制造商处购入商品，或者电商卖家本身就是产品制造商，可以自行决定销售商品的种类和品种，掌握商品的销售信息和顾客的需求状况，决定商品的促销方式和策略。 如此便减少了过去与中间商之间的利益协商与偏差，减少了追求品牌效益的过程中不必要的损耗和浪费，从而部分实现品牌无形资产的升级。

### 5.2.3 跨境电子商务背景下发展自主品牌的机遇

各跨境电子商务企业的品牌发展体系不完善、不成熟是它们所面临的一个重大历史机遇，说明自身的品牌建设空间非常大。 截至 2019 年 5 月，我国跨境电子商务平台企业已超过 5000 家，境内通过各类平台开展跨境电子商务的企业已超过 20 万家，并且这一数据随着"一带一路"倡议的提出和国际贸易的深化发展还在持续增加。 在这些跨境电子商务企业中，有 Aliexpress、DHgate、Banggood 和 Lightinthebox 等这些靠自身成长发展起来的知名跨境电子商务平台企业，也有依托原有品牌发展起来的 Anker、Ecovacs、Oneplus 等知名跨境电子商务企业，但更多的跨境电子商务企业还是无名之辈，无论是在国际上还是在国内都没有较高的知名度和品牌影响力。 因此，以品牌建设谋求长远发展是我国跨境电子商务企业今后工作中的一个重要发展方向。

（1）以各国政策与平台规则为导向，强化品牌意识

越来越多的中国企业借助跨境电子商务模式进军全球市场，中国品牌也逐渐撕掉了贴在中国制造产品上"廉价""无新意"的标签。 近年来，"品牌出海"成为跨境电子商务行业的主旋律，各大电子商务平台也将工作重心放在助力卖家实现品牌化上，如阿里速卖通启动"国货之光"计划，打造国产美妆出海品牌；eBay 推出"千帆计划"，助力具有制造能力和品牌基础的传统出口企业建立品牌效应；亚马逊全球开店推出"品牌＋计划"，有力推动了中小卖家的"品牌出海"。

（2）以产品创新为核心，增强品牌竞争力

随着跨境电子商务品牌意识的进一步强化，越来越多的中国品牌凭借产品质量、技术创新和品牌沉淀在国际市场上站稳脚跟，成为中国品牌出海的成功典范。 在跨境电子商务的发展初期，传统的"铺货"模式一定程度上能够帮助跨境卖家打开市场，但在自主品牌建设方面存在巨大风险。 近年来，

越来越多的跨境电子商务卖家基于我国供应链资源优势和生产制造能力，不断优化自身的产品。企业与消费者之间的关联是通过产品建立起来的，如何打造产品直接关系到消费者的体验，更是自主品牌建设中的核心动力。越来越多的企业开始打造精品模式，推动自身的产品创新，提升自主品牌的核心竞争力。

（3）以渠道拓展为路径，提升品牌认知度

在跨境电子商务发展的背景下，企业能够通过跨境电子商务平台和自有的独立站将产品对接到全球市场，同时借助互联网媒介进行跨媒介的数字化营销。近年来，越来越多的企业基于跨境电子商务的线上渠道，进一步拓展海外市场的线下渠道；与此同时，多样化的互联网媒介成为企业产品展示和品牌宣传的有效渠道。多渠道的销售模式和多媒介的推广模式逐渐成为跨境电子商务背景下的企业运营模式，多渠道拓展极大地提升了企业与消费者的沟通效率，优化了产品的服务质量，品牌的认知度也得到进一步的提升。

### 5.2.4　跨境电子商务背景下小微企业自主品牌培育

跨境电子商务以其自身的市场发展潜力和影响力在全球互联网经济中处于领先地位。我国的小微企业借助跨境电子商务环境，减少了中间流通环节，直面消费者，从而有助于对自主品牌的培养。具体如下：

（1）跨境电子商务能使小微企业在国际营销中节约大量时间和资源

跨境电子商务是一种新的商业模式，它对企业营销活动的深远影响具体表现在两个方面。一是跨境电子商务改变了营销方式。跨境电子商务帮助企业将业务拓展到全球市场，买家和卖家可以通过互联网进行谈判和签订合同，跨国交易在时间和空间上的障碍被网上交易过程消除了，数字形式的信息和资金也得以顺利流动，交易效率大大提高。同时，企业的采购、生产、宣传、销售等也将相应做出调整。二是跨境电子商务改变了营销模式。电子商务交易是即时的，超越了时间和空间的限制，这些特点使得企业与客户之间能够建立点对点的沟通渠道，企业可以针对消费者的个性化需求制定相应的营销策略。电子商务能够帮助企业打破大众营销模式，建立基于消费者个人需求的营销关系。

（2）跨境电子商务能使小微企业在自主品牌培育中降低成本、增强互动性

中国的小微企业不擅长做广告，跨境电子商务提供了一个广阔的平台，方便它们推广自己的产品。 电子商务作为新兴的商业模式和终端渠道，正在改变传统的品牌运营模式。 由于替代了传统的物理空间与交易流程，在线的跨境电子商务有效节约了企业的宣传成本，如展览的成本、传单的成本等。利用跨境电子商务构建自主品牌不仅可以节约宣传成本，还可以实现即时更新品牌和产品信息。 也就是说，跨境电子商务可以帮助小微企业降低广告成本，提高自主品牌建设的营销效率。 同时，电子商务可以利用图像、视频等为小微企业的产品和品牌进行宣传，增强宣传效果。 无论是品牌建设还是品牌维护，企业都需要与客户、外部企业和内部员工进行双向互动。 跨境电子商务具有互动性的特点，可以实现双向沟通和信息共享，满足小微企业的互动需求。

### 5.2.5 跨境电子商务自主品牌的成长模式

在跨境电子商务环境下，我国企业出现了多种自主品牌成长模式。 我们根据典型企业、成长轨迹和发展类型，归纳出 4 种最为典型的跨境电子商务自主品牌成长模式，包括产品品牌成长模式、品类品牌成长模式、渠道品牌成长模式和服务品牌成长模式。 跨境电子商务不仅能为产品塑造品牌，还能依托社交形象、传统老字号、区域经济及传统专业市场等培育国际品牌。

（1）跨境电子商务产品品牌成长模式——以安克（Anker）为例

跨境电子商务产品品牌是指企业以产品创新为核心，不断提升产品品质，完善产品功能与设计，在优质产品迭代的过程中打造自主品牌，从而形成以产品优化为特征的跨境电子商务自主品牌成长模式。 该企业的特点是有很强的产品研发和设计能力，产品的 SKU（Stock Keeping Unit）相对比较少。如安克创新，主要生产移动电源、充电器、蓝牙外设、数据线等智能数码相关产品，用技术创新来满足消费者对于产品品质、功能、设计等方面的需求，以产品创新来提升安克品牌在国际市场上的竞争力，从而在北美、日本及欧洲市场实现自主品牌的快速成长。 在 Google 联合 WPP 集团发布的《2019 年中

国出海品牌 50 强报告》中，安克在榜单中排名第十，不但超过了格力电器、中国石油和南方航空等一些国内知名的企业，也以领先两名的优势超越了深耕国际市场多年的中国银行。

产品品牌成长模式的代表还有 Ecovacs、Oneplus、Wantdo、Aukey、Soufeel 等。

（2）跨境电子商务品类品牌成长模式——以 SHEIN 服饰为例

跨境电子商务品类品牌是以生产或销售与某垂直类别相关的产品为主的品牌。其特点是产品的类别比较聚焦，核心优势是深耕垂直行业供应链和用户深度运营。但在这一类别中，要提供比其他百货渠道更丰富、更全面和更专业的选择。在跨境电子商务背景下，企业借助新型贸易模式和互联网媒介，根据海外消费者的需求，设计、生产对应的上下品类产品，从而打造自有品牌。如 SHEIN 服饰精准把握海外消费者需求，以休闲时尚风格女装为主要产品，通过品牌化运营，打造跨境电子商务的快时尚自主品牌成长模式，业务范围辐射到美洲、欧洲、亚洲、大洋洲和非洲等英语、葡语、俄语和西班牙语等市场，在全球范围内拥有上千万粉丝，其中东华移动端 APP 的下载量长期雄踞前五，2018 年通过自建独立站 SHEIN，实现销售额 2 亿元。

品类品牌成长模式的代表还有 ZAFUL、Gearbest、Baseus、Songmics、Stylewe 等。

（3）跨境电子商务渠道品牌成长模式——以执御（Jollychic）为例

跨境电子商务渠道是指企业在海外市场搭建的跨境电子商务平台借助跨境电子商务模式对接国内供应商和海外消费者，即通过平台建设与运营，满足海外消费者的购买需求。该类企业围绕着购买过程和用户体验，提升平台的服务质量和水平，打造跨境电子商务平台的渠道品牌。如执御扎根中东市场，以自营模式为主，通过搭建跨境电子商务平台，建立价格机制，并负责后续的运营、推广、头程和物流等环节，成为中东最大的跨境电子商务渠道品牌，实现了跨境电子商务渠道品牌的创建与成长，并且近 5 年 GMV（Gross Merchandise Volume）持续保持每年 300% 以上的增长，累计注册用户数达 3500 万以上，执御所覆盖的中东地区海湾六国的互联网用户占 82% 左右。

渠道品牌成长模式的代表还有 Club Factory、Tomtop、Banggood、

Aosom、Lightinthebox 等。

（4）跨境电子商务服务品牌成长模式——以连连支付为例

跨境电子商务服务是指在企业与海外消费者进行跨境电子商务交易的过程中，服务于整个过程的支撑环节，如支付、物流、法律等。跨境电子商务的服务质量直接影响海外消费者的购买体验，服务品牌的打造关系到跨境电子商务交易过程的效率和质量。如连连支付面向跨境电子商务企业端，为全球跨境电子商务中小企业提供优质、高效的服务，占据了跨境收款市场，并逐渐形成跨境电子商务的服务品牌效应，其 2018 年的跨境收款（Gross Merchandise Volume，GMV）同比增长 1242%。

服务品牌成长模式的代表还有递四方、跨知通、亿邦动力、一达通、PingPong 等。

### 5.2.6　利用跨境电子商务培育自主品牌的优势与特色

我国跨境电子商务企业利用跨境电子商务培育品牌的优势与特色如下：

（1）有效减少跨境电子商务企业进行自主品牌培育的市场风险

跨境电子商务平台为中国跨境电子商务企业开拓海外市场提供了便捷的渠道，同时依托跨境电子商务平台背后的"互联网+"力量及平台操作过程中积累的大量数据进行统计分析。我国跨境电子商务企业从依赖经验转变为依赖数据分析结果进行自主品牌培育，从而决定了企业的市场定位和品牌选择。同时，通过交易数据进行风险调控和风险管理，可以降低企业进行自主品牌培育的市场风险。

（2）降低跨境电子商务企业进行自主品牌培育的成本

相对于传统的对外贸易方式来说，跨境电子商务平台可以将企业的采购、销售、服务、消费反馈、营销策略及品牌培育等环节联系起来，从而在平台上直接进行自主品牌培育，这减少了传统贸易方式中的报关手续、通关手续、跨境运输及关税等环节和费用。综上所述，借助跨境电子商务平台进行跨境贸易无疑是中国跨境电子商务企业打造线上品牌和建立全球化网上品牌营销渠道的最佳途径，从而可以在很大限度上减少跨境电子商务企业进行自主品牌培育和构建营销网络的成本。

（3）使"互联网＋"的力量与"中国制造"实现优势互补

根据《中国电子商务报告（2018）》可知，我国出口跨境电子商务产品中3C电子产品占比较大，比例高达37.7％，这说明"中国制造"的优势依旧存在。借助"互联网＋"的力量，企业利用交易数据能够更精准地把握消费者的喜好，从而实现精准生产，加之借助跨境电子商务交易平台有效降低中间成本，从而提高"中国制造"的利润率水平。

## 5.3　跨境电子商务背景下自主品牌建设的政策建议

（1）建议构建中国"跨境电子商务自主品牌"软实力体系

建议国家将跨境电子商务企业的发展纳入国家有关战略范围，鼓励跨境电子商务企业为国家培养高端跨境电子商务人才，建设跨境电子商务基础设施，提供跨境电子商务自主品牌展示基地，制定跨境电子商务行业标准。

（2）建议构建跨境电子商务自主品牌企业风险预警机制

在中美贸易摩擦的大背景下，联合国家有关部委探索跨境电子商务自主品牌企业风险预警机制，应对国际贸易摩擦对企业带来的冲击。通过定期发布国际政治、经济环境风险预警信息等方式，向企业介绍最新国际营商环境，同时向跨境电子商务自主品牌企业介绍国家的进出口促进政策，满足不同企业群体的政策需求。

（3）为配合国家"普惠金融"政策，建议设立跨境电子商务白名单制度

通过国家"普惠金融"相关政策，为优质跨境电子商务企业在自主品牌培育过程中的市场推广、设计研发、形象维护等活动提供支持。

（4）探索构建跨境电子商务自主品牌的保护规则

在跨境电子商务背景下，自主品牌的创建形式和传播方式具有了新的特征，建议鼓励跨境电子商务企业积极参与世界知识产权组织（World Intellectual Property Organization，WIPO）有关活动，推动世界知识产权组织构建针对跨境电子商务自主品牌的保护规则，这有利于跨境电子商务企业创立自主品牌，并合理有序地参与国际竞争。

（5）促进跨境电子商务区域自主品牌的设计与推广

进一步推动各地跨境电商综试区发挥自身产业特色，融合集群企业产品优点，鼓励企业充分利用政府打造的区域品牌整体形象，发挥资本、技术、人才等要素的集群效应，带动中小微企业自主品牌的推广与宣传。

（6）探索建设跨境电子商务出海品牌价值评估体系

中国（杭州）跨境电商综试区内跨知通出海品牌研究院连续两年在 5 月 10 日发布了"Outrun Brand 中国跨境电子商务出海品牌 30 强推荐榜"，并在这领域进行了有利的探索与总结。建议引导更多的自主品牌相关研究机构参与其中，定期发布全国性自主品牌影响力指数。

（7）整合各地"商会网络"资源，复制推广跨境电子商务自主品牌培育经验

联合各地商会组织跨境电子商务企业去杭州、深圳等跨境电子商务发达地区考察学习，了解跨境电子商务品牌运营、推广的先进经验，形成自主品牌的创新优势，为自主品牌的发展奠定坚实的品质基础。

（8）创新跨境电子商务交易模式，丰富数字经济内涵

运用数字技术建立跨境电子商务自主品牌产品质量控制、售后服务等品牌塑造体系，积极应对跨境电子商务平台规则调整所带来的风险，保障跨境电子商务自主品牌的长远发展。

（9）充分挖掘高校人力资源，带动自主品牌传播效应

利用在国内、国外的留学生资源，了解不同文化环境下自主品牌产品的建设内涵，发挥口碑效应的作用，为自主品牌培育夯实人文环境。

# 6

# 跨境电子商务对国际贸易支付结算的影响

近年来，国家"一带一路"倡议和人民币国际化战略有效促进了相关国家和地区的互联互通，以跨境电子商务为代表的跨境贸易量迅速增长，改变了传统的世界贸易格局，促进了全球贸易便利化，也引发了世界经济贸易的巨大变革。跨境电子商务作为我国外贸的新增长点，得到了中央政府的持续关注。2019年3月，国务院总理李克强再次在政府工作报告中提及跨境电子商务，提出要改革完善跨境电子商务等新业态的扶持政策。跨境电子商务巨大的增长空间，已然成为未来的蓝海市场，不仅催生了巨大的支付需求，驱动银行、第三方支付机构等支付结算机构纷纷布局跨境支付市场，而且跨境电子商务越来越倾向于通过网络电子化的手段完成支付结算，推动跨境支付结算市场格局演变，并使新型的第三方支付工具成了主流。

## 6.1 跨境电子商务在新型国际贸易中的发展前景

在传统的国际贸易中，商家要想把商品卖到国外，往往会经历参加交易会、谈判、报关、报检、退税、订船、开信用证、交付、收汇等一系列复杂的流程。如果商家想把商品卖到全世界的各个国家，更要花费大量精力去研究各个国家的销售风格、产品标准、关税政策、品牌渠道、物流设施，这对于一个国内中小生产企业来说，需要承担相当大的风险，并且难度很大。 随着互联网信息科技和全球经济一体化的发展，各国之间的经贸往来更加便捷，亚马逊、eBay 等跨境电子商务平台的出现，不仅让商家的服务更加标准化，还准确匹配了全球消费者的需求，使得国际贸易的门槛大大降低，因此大量的中小跨境电子商务企业参与到国际贸易的大潮中。

跨境电子商务不仅具备部分压缩中间环节、便利消费者、化解产能过剩、为中小企业提供发展之道等优势，还具有重塑国际产业链、促进外贸发展方式转变、增强国际竞争力等作用，是未来竞争的制高点，同时也给相关上市公司带来长足发展空间。 出口跨境电子商务是我国当前跨境电子商务的主要类型，由于我国制造业在成本及规模上具有较强优势，同时受到"一带一路"倡议、人民币国际化战略及资本市场的推动，出口电子商务行业发展迅速，越来越多的传统外贸企业加快触网步伐。 出口电子商务能够帮助中国制造业更加便捷地拓展国际化市场，促进"中国制造"借助互联网的方式实现更好的转型升级。 据商务部统计，2018 年中国全面外贸进出口总值为 30.51 万亿元。而艾媒咨询发布的《2018—2019 中国跨境电商市场研究报告》统计数据显示，2018 年中国跨境电子商务交易规模为 9.1 万亿元，约占整个外贸规模的 30%，预计 2020 年将占到 40% 以上。 未来，跨境电子商务将成为最主要的国际贸易模式之一。

在国家政策支持方面，跨境电子商务的政策利好不断释放。 2013 年 8 月，商务部、发展改革委、人民银行等 9 部委发布《关于实施支持跨境电子商务零售出口有关政策的意见》（国办发〔2013〕89 号），正式全面开放跨境电子商务出口，为发展跨境电子商务指明了方向，各相关部委纷纷出台跨境电子商务行业的配套政策。 2015 年 4 月，国务院办公厅发布《关于促进跨境电子商务健康快速发展的指导意见》（国办发〔2015〕46 号），要求监管部门完善跨境电子商务的配套监管措施，鼓励有实力的企业做大做强，推动跨境电子商务试验区的建设。 目前，我国已经设立 35 个跨境电商综试区，覆盖全国各个区域，综试区的建设成了跨境电商发展的重要催化剂。 2018 年 1 月，人民银行发布《关于进一步完善人民币跨境业务政策促进贸易投资便利化的通知》（银发〔2018〕3 号），提出要进一步完善和优化人民币跨境业务政策，服务"一带一路"建设，推动形成全面开放新格局。 2018 年 9 月，财政部、税务总局、商务部、海关总署发布《关于跨境电子商务综合试验区零售出口货物税收政策的通知》（财税〔2018〕103 号），对跨境电商综试区内符合条件的出口货物试行增值税、消费税免税政策，进一步降低了跨境电子商务的成本。 这一系列政策红利为跨境电子商务的发展带来了实质性重磅利好。 跨境电子商务运营环境的不断改善和相关扶持政策的不断出台，将为跨境电子商务的发展提供更大机遇，未来跨境电子商务行业有望继续保持强劲增长态势。

## 6.2 跨境电子商务支付结算需求变化

### 6.2.1 传统跨境支付结算方式的优劣比较

传统跨境贸易以大额低频为主，对支付安全性的要求比较高，商家更愿意选择银行汇款、信用证结算、专业汇款公司汇款等方式作为支付结算手段，但是成本高、时效差。 下面对银行汇款、信用证结算、专业汇款公司汇款这 3 种传统结算方式的优劣势进行说明。

（1）银行汇款模式

全球大多数国家的大多数银行已接入环球同业银行金融电讯协会（Society for Worldwide Interbank Financial Telecommunication，SWIFT）系统，资金的流转主要经过银行通道，虽然汇款方式比较灵活，但是由于要经过多个中间银行（代理行）进行清算，费用较高，速度较慢，且有不全额到账的风险。 银行汇款的手续费是 20—30 美金再加上 1％ 的浮动费（固定费＋浮动费）。 此外，通过银行汇款进行结算，交易双方还需要考虑对方的商业信用，安全性较差。

（2）信用证结算模式

信用证是国际贸易中广泛使用的最为重要的一种结算方式，主要适用对象是中大型贸易企业。 虽然信用证主要依赖的是银行信用，安全性有保障，但是银行对单据的审查要求比较严格，除必需的发货、交单、收款、付款环节以外，还增加了申请开证、通知、议付、审单等环节，不仅结算手续烦琐，整个周期长且费用高，还要求进口方缴纳一定保证金，占用买方资金，持续时间较长。

（3）专业汇款公司汇款模式

专业汇款公司以西联、速汇金为代表，它们通过与银行合作，在全球各地设立资金池，再通过 SWIFT 电汇进行轧差结算，可以做到即时汇款。 汇款人无须在银行开立账户，收款人也可以直接凭借身份证和取款密码进行取款，结算流程更加简便，到账时间更快。 以速汇金为例，在全球有数十万个代理点，覆盖 200 多个国家，虽然到账时间可以达到 10 分钟以内，但是汇款人需要到线下网点办理汇款手续，时效性较差，而且手续费在 13—33 美元之间，普遍较高。

### 6.2.2　国内外银行卡清算机构的发展现状

银行卡清算机构是指从事银行卡清算业务的机构。 银行卡清算业务是指通过制定银行卡清算标准和规则，运营银行卡清算业务系统，授权发行和办理本银行卡清算机构品牌的银行卡，并为发卡机构和收单机构提供本品牌银行卡的机构间交易处理服务，协助完成资金结算的活动。

目前国际上主要的银行卡清算机构有 VISA、万事达、美国运通、JCB 和大莱卡公司等。 国内主要的银行卡清算机构有银联、网联和连通。

（1）监管机构

考虑到中央银行具有维护支付清算系统稳定运行的职责，大部分国家将监管银行卡清算机构的职责赋予了中央银行，如欧央行、美联储及澳大利亚储备银行等。 我国是中国人民银行。

（2）准入管理

银行卡清算机构起源于满足银行卡（支付卡）联网通用的需求，并最终从收单和发卡业务中独立出来，成为专门制定银行卡清算标准和规则并独立运营银行卡品牌的机构。

国外部分国家银行卡清算机构实行自由市场准入原则，如美国对银行卡清算机构没有实施准入管理。 美国有 VISA 和万事达,还有如 NYCE、Pluse 等专门提供借记卡交易服务的银行卡清算机构。 俄罗斯于 2014 年开始发展自有品牌"普罗 100"银行卡清算机构。 欧盟有可支持跨境银行卡支付交易的 SEPA 系统。

我国银行卡清算机构准入门槛较高,采取"前审后批"的监管方式,管理相对严格。 按照《银行卡清算机构管理办法》的规定,设立银行卡清算机构由中国人民银行受理申请,经征求中国银行保险监督管理委员会同意后予以批准,授予申请机构银行卡清算业务许可证,清算机构须持证从事银行卡清算业务。

### 6.2.3 跨境电子商务青睐第三方支付的原因分析

国际贸易市场中比较主流的结算方式是银行电汇、信用证结算、专业汇款公司汇款及第三方支付。 互联网科技的兴起使跨境电子商务呈现平台化发展趋势,企业主要通过在亚马逊、Wish、eBay、Shopee、Jumia 等第三方电子商务平台上入驻开店销售产品,以及通过自建 B2C、B2B 平台的方式销售产品,如网易考拉、速卖通。 此类跨境电子商务对支付效率要求非常高,对支付的费率高低非常敏感。 在跨境电子商务时代,仍然使用银行汇款、信用证结算、专业汇款公司汇款等时效性较差且手续费较高的传统支付结算方式,显然是不现实的。 而依托第三方支付机构的新型跨境支付可以解决传统模式下的问题,其创新性在于凭借先进的信息科技手段降低金融服务的成本和门槛,支持通过银行账户、信用卡银行账户、电子钱包等支付的多种方式,满足了跨境电子商务小额高频的交易需求,大大提高了支付效率,降低了支付成本。

例如,在跨境收单业务(即帮助一个国家的商户从另一个国家的客户处收钱)中,提供本土化、高效率的支付工具对跨境电子商务卖家而言至关重要,而第三方支付还可以直接面向 C 端客户进行点对点线上支付,支付成功率、时效性较高。 以网易考拉为例,其公司主体注册地在我国香港,收单环节在境内,C 端客户可以自由选择微信、支付宝、借记卡、信用卡等进行支付。

目前，第三方支付已经深入服务平台型 B2C、小额 B2B、自营 B2C 这 3 种模式的跨境电子商务中，部分支付机构也服务于传统的 B2B 贸易模式中，为其提供多种高度定制化的行业解决方案。近几年，跨境电子商务逐渐转向借助第三方支付这类高效、便捷、安全的支付工具。相较于银行电汇、信用证、专业汇款公司汇款等传统支付结算方式，第三方支付具有以下优势：

（1）支付费用低，到账速度快

跨境电子商务的特性使得其更看重对自身现金流的管理，供货方的账期长短、库存量等都是潜在的现金流。由于对资金结算的效率要求较高，电商卖家在选择支付方式时，不会首先考虑银行电汇、信用证等传统贸易结算方式。支付机构可以通过金融科技手段，与境外相关机构合作等形式不断简化中间流程，降低交易费用，提高交易速度，保证资金及时到账。

（2）统一汇差，多平台统一结算

跨境电子商务涉及的国家、交易方、平台往往不止一个，各国支付体系、汇率等差异极大，企业在跨国、跨平台进行收付款时经常需要付出高额的支付成本。支付机构不仅可以增加可兑换币种，锁定汇率，还能够提供统一的收款账户，满足跨境电子商务从不同国家、不同平台收付款的需求。

（3）以支付为基础，提供更多衍生服务

很多商家不了解清关、报税等流程，导致操作中频繁出现意外，造成极大损失。支付机构可以运用金融科技手段，围绕跨境电子商务的物流、仓储、报关、退税、融资等需求，打通与物流企业、仓储企业、报关企业、税务代理企业、贷款企业等服务商的信息与资金链路，建设一站式的综合性跨境电商服务平台，帮助跨境电商卖家不断提升运营效率，降低服务成本。例如，著名的跨境支付服务商连连支付推出了 LianLianLink 平台，整合了物流、融资、仓储等服务商资源，通过连接跨境电商和服务商，可以高效、快捷地帮助跨境电商匹配适合的服务商，此时跨境电商只需要登录平台，即可一站式触达海量服务商资源。

银行电汇、信用证、专业汇款公司汇款及第三方支付等 4 种跨境支付方式的比较如表 6-1 所示。

表 6-1　4 种跨境支付方式比较

| 支付通道 | 结算速度 | 费　率 | 适用场景 |
|---|---|---|---|
| 银行电汇 | 较慢,2—3 天 | 手续费高,多项费用(电报费、中转费等),有封顶 | B2B 大额贸易,传统的进出口贸易 |
| 信用证 | 较慢,数十天或数月 | 手续费高,多项费用(议付费、承兑费等),按照交易金额比例 | B2B 大额贸易,传统的进出口贸易 |
| 专业汇款公司汇款 | 较快,10—15 分钟 | 手续费高,分档计算 | 1 万美元以下的小额支付 |
| 第三方支付 | 较快,可以 T+0 | 手续费较低 | 小额高频交易,跨境电子商务 |

来源:中泰证券《跨境支付行业深度报告》。

### 6.2.4　跨境支付业务的方式与从业机构现状

跨境支付是在国际贸易中利用一定的交易支付系统进行跨地区、跨国家的资金转移过程。

传统的国际贸易中的跨境支付主要采用三种方式:电汇、托收、信用证。目前信用证仍然是传统一般国际贸易中最主要、最常用的支付方式。

2017 年 6 月 21 日,中央银行推出人民币跨境支付系统 CIPS(Cross border Interbank Payment System)(二期),其采用更具流动性的混合结算方式,提高人民币跨境和离岸资金的清算、结算效率。 因此,商业银行、银行卡组织和第三方支付机构均有资格从事跨境支付业务。

### 6.2.5　第三方跨境支付服务特点

我国第三方跨境支付的业务重点在跨境电商领域。 在跨境电商零售中,由于消费者的支付习惯,使用第三方跨境支付居多,如连连支付、PingPong、国际支付宝(Escrow)、Paypal 等产品。

目前,跨境电子商务的发展水平越来越高,跨境支付满足了用户的支付安全、便捷、节省费用需求。

第三方支付平台在跨境电子商务支付应用中主要有以下几方面优点:①交易具有更高的快捷性;②第三方支付平台所收取的手续费低;③第三方

支付平台支持多种交易方式。

第三方支付平台的缺点主要体现在以下几方面：①第三方支付平台虽然对汇款方收取的费用较少，但对取款方则收取较高的手续费；②第三方支付平台很有可能会导致资金的沉淀，不利于收款企业的资金流动；③第三方支付平台更加重视保护汇款方的利益，而忽略取款方的利益，一旦交易出现一些问题，取款方很有可能会有交易风险。

## 6.3　对跨境支付结算市场的影响

跨境电子商务支付业务是互联网金融行业落实"走出去"战略和"一带一路"倡议等的先手棋，也是商业银行推动"利率市场化"和"人民币国际化"的重要突破口，已被业界广泛视为我国外贸竞争新优势之一。新兴的跨境电子商务的迅猛发展在一定程度上推动了跨境支付业务的兴起。近年来，我国不断出台政策支持跨境支付业务的发展，通过落实"一带一路"倡议和"人民币国际化"战略，完善支付基础设施建设，开放支付机构跨境支付业务范围等措施，为跨境电子商务创造了越来越多的便利条件。

### 6.3.1　跨境电子商务贸易的发展，推动了货币结算方式变革

经济全球化推动了跨境电子商务的发展和大量中小企业的生存壮大，越来越多的中国电商进军海外市场。由于从事电子商务的主要是中小企业和个人，因此采用人民币计价结算以规避汇率风险、降低汇兑成本的动力更强，人民币结算的需求不断扩大，在国际贸易中的地位不断提升。人民币在双边贸易结算中的使用份额显著提升，我国通过货币互换机制向"一带一路"沿线212个经济体提供人民币流动性支持，对沿线国家和地区的货币直接报价交易增多，人民币的锚货币职能显著增强。

### 6.3.2　跨境支付基础设施建设提供了支付结算保障

2015 年，人民币跨境支付系统（Cross-border Interbank Payment System，

CIPS）成功上线运行，为境外金融机构人民币跨境和离岸业务提供资金清算和结算服务，为人民币国际化铺设"高速公路"，是符合国际标准的重要金融基础设施。2016年10月，人民币正式加入国际货币基金组织特别提款权货币篮子，标志着人民币又向着国际化方向迈出了重要一步，此后我国消费者可以直接用人民币在境外旅游、购物、投资，这降低了汇兑成本并避免了汇率风险。2018年5月，CIPS（二期）全面投入使用，其采用更具流动性的混合结算方式，使人民币跨境资金的清算和结算效率更高，系统将实现对全球各时区金融市场的全覆盖，满足广大用户的人民币业务需求。此外，随着全球一体化的深入，世界各地的商务活动、旅游、生活等不再局限于一个国家，支付作为基础需求，需要不同国家之间实现双向跨境。2018年11月，中国人民银行批准了首家由美国运通与连连数字合资成立的银行卡清算机构连通公司的筹备申请，这标志着我国银行卡清算市场向国际市场开放迈出了重要一步。国际化的清算组织作为跨境电子商务支付结算的底层基础，带来了实现双向跨境支付的机会，这将更好地推动跨境支付市场的创新发展。

### 6.3.3 第三方跨境支付对银行卡清算机构的影响

（1）第三方跨境支付弥补了传统银行卡清算机构的不足

丰富的跨境业务场景与支付产业链条，如银行收单、国际结算、货币兑换等环节都蕴藏着巨大的市场价值。传统支付方式应对市场变化存在不足，第三方跨境支付企业提供了传统金融机构无法延伸到的小额零售支付业务。由于规模成本和组织机构的原因，第三方跨境支付企业具有更加灵活的体制及成本优势。

（2）跨境支付平台的主要业务模式

外汇跨境支付是以外币结算的，而人民币跨境支付则是以人民币结算的。人民币跨境支付许可是中央银行发的，而外汇跨境支付牌照则是国家外汇管理局发的。

就目前而言，从事跨境支付业务的支付平台主要采用两种业务模式：

第一，银行卡组织间的合作。跨境支付平台与国际银行卡组织合作，货币转换、资金清算由银行卡组织完成。

第二，银行间的合作。跨境支付平台与境内、境外各个银行达成合作，银行协助买家购买外汇，并完成支付。

由此可见，银行卡清算机构是底层基础，第三方跨境支付是上层功能，双方在应用环节上是相辅相成的关系。

### 6.3.4 支付机构不断契合跨境电子商务的需求

从2013年国家外汇管理局开启支付机构跨境外汇支付业务试点工作以来，监管机构不断规范跨境支付行业的相关业务，持续放开对跨境支付业务的限制。2019年4月，国家外汇管理局在总结开展了近6年的支付机构跨境外汇支付业务试点经验的基础上，正式发布了《支付机构外汇业务管理办法》（汇发〔2019〕13号，以下简称《13号文》），不仅明确和完善了跨境外汇支付业务的展业规则，还进一步放宽了对业务范围的限制，是国家顺应跨境电子商务蓬勃发展的表现，是主动适应跨境电子商务新业态的业务特点，推动跨境支付市场走向阳光、健康、合规发展的又一重大举措。《13号文》由原来的单个试点到全面放开支付机构申请，还加入了银行作为市场参与主体，创造了一个公平的市场竞争环境。这让跨境电子商务市场主体拥有更多可选择的支付渠道，使得银行和支付机构更加专注于业务创新，从而提升服务质量，给消费者和企业等跨境电子商务市场主体带来真正实惠。

## 6.4 第三方支付方式对跨境电子商务发展的推动作用

跨境电子商务推动了支付结算格局的演变，第三方支付成为跨境电子商务交易的主流支付方式已经是无可争议的事实。反过来，作为跨境电子商务交易的基础和交易实现不可或缺的环节，跨境支付的发展也对跨境电子商务的发展有着巨大的推动作用。具体从以下两个层面进行分析：

一是跨境电子商务自身层面。相比银行汇款、信用证、专业汇款公司汇款等传统结算方式，第三方支付依托高水平的数字技术和网络科技，不仅支付效率高、安全性好和费率低，还构建出了以支付服务为基础的生态链，提供纳税、物流、融资等一揽子衍生服务，帮助众多跨境电商大幅降低成本，提升效率，扩大生产经营。

二是消费者层面。支付体验是一个非常重要的因素。《电商新趋势下影响网络消费者购买行为因素研究》一文指出，当今社会追求高效率，网络消费者进行网络购物无疑是抱着方便、快捷的心态，因此支付操作的便捷性显得尤为重要。消费者表示，在对某个商品产生购买意愿后，会由于付款的操作太麻烦、流程太复杂和方式不够齐全，而放弃购买该商品。中国互联网络信息中心发布的第 43 次《中国互联网络发展状况统计报告》统计显示，截至2018 年 12 月，我国网络购物用户规模达 6.10 亿，手机网络支付用户规模达5.83 亿。而第三方支付方式是网络购物的绝对主流，支付宝和微信支付已分别在 40 个以上的国家和地区合规接入，跨境电商在开展业务时考虑的重要问题是用户支付体验。因此，便捷的支付方式无疑是跨境电子商务发展的重要推力。

## 6.5 应对政策建议

跨境电子商务与跨境支付相互依存、彼此影响，跨境支付是跨境电子商务交易实现的重要环节。当前我国跨境电子商务发展迅速，尤其是中小电子商务规模增长较快，带动了跨境支付市场的蓬勃发展。而跨境支付方式作为跨境电子商务的支持因素，也受到跨境电子商务发展的影响。从当前跨境支付业务的政策监管角度来看，跨境支付的发展仍落后于跨境电子商务平台的发展，无法匹配与适应跨境电子商务的需求，并反向制约着跨境电子商务的发展。

### 6.5.1 建立平台化共享机制，促进外汇管理合规效能提升

支付、物流、报关、税务等系统的不互通，导致银行、支付机构较难全面获取贸易真实性信息，给国家外汇管理带来挑战。因为海关部门不能及时、完整、原始地获取跨境电子商务平台上的相关数据，跨境电商通过伪造物流、

信息流、资金流"三单"的全部或者部分信息，对平台上的订单价格进行造假偷逃关税等问题，一直是海关监管跨境电子商务的难题。跨境电子商务将与支付订单相关的原始数据开放给海关后，海关可进行实时抓取与验核，"三单一致"不再仅仅依赖备案企业上报的数据，而是由海关对原始数据进行交叉验证，这使海关对跨境电商的监管更为积极主动。因此，建议由相关部门牵头组织协调，充分利用信息化管理手段和技术整合物流、海关、支付、税务等数据，成立数据共享公共服务平台，实现海关、快递公司、银行或支付机构、税务机关等的互联互通。同时，银行、支付机构接入公共服务平台后，可以基于公关服务平台开放的数据进行实时动态分析，将原有贸易真实性佐证要素线上化，以便核查交易中存在的异常点，提高贸易真实性，以及真实性审核的效率和准确性，并促进跨境电子商务业务领域形成互利共赢的良性循环。

### 6.5.2 拓展综合金融服务模式

跨境电子商务在汇率风险管理、保理、保险、财务顾问服务等方面均有一定的需求，但由于存在资金流、信息流的信息不对称问题，这些产品通常存在申请难度大、资金成本高、风险可控性不足等短板。该类金融配套服务的可获得性也较差。跨境电商卖家对资金流转速度的要求越来越高，尤其对于多平台、多品类发展的中大型卖家来说，资金效率和资金丰裕度直接决定了其业务发展的速度与广度。本书建议以实际掌握跨境电子商务经营信息、交易订单信息及资金流信息的支付公司为牵头主体，开展银行、保险、融资、物流、上游供应商等各行业的系统性流程整合探索，以期为我国跨境电商卖家提供一站式的金融配套服务。

# 7 跨境电子商务人才培养模式设计研究

　　发展跨境电子商务产业是推动外贸转型升级和经济社会发展的重要手段，对此我国各级政府高度重视。2015年至今，国务院常务会议四次提出促进跨境电子商务的发展。2018年7月13日，国务院常务会议指出，加快跨境电子商务等新业态成长，是坚定不移扩大开放、增加进出口、更好满足群众消费升级和国内发展需要的重要举措。随着《国务院关于同意在北京等22个城市设立跨境电子商务综合试验区的批复》于2018年8月7日正式发布，我国跨境电商综试区已经扩容到35个。由此，跨境电子商务行业对人才的需求将更为紧迫，对人才的要求也会越来越高。

　　随着我国经济产业的发展和科学技术的进步，高校的交叉学科正在快速拓展。较为典型的管理科学与工程学科就融合了管理学、控制论、运筹学、计算机科学等多个学科。目前，交叉学科的专业越来越多，如生物信息学专业、计算金融学专业、电子商务专业、物流工程与管理专业等，这些专业都融合了多个学科的专业知识，呈现出跨学科性、创造性、互补性和实用性等特征。从交叉学科毕业的学生，能更多地适应产业的需求，在知识结构上具有多学科的复合知识。同时，习近平总书记强调，必须在创新活动中培育人才。国务院总理李克强指出，大学生是实施创新驱动发展战略和推进大众创业、万众创新的生力军，既要认真扎实学习、掌握更多知识，也要投身创新创业、提高实践能力。这说明，建设国家创新体系，加快实施国家创新驱动发展战略，要把创新创业教育融入现有的人才培养体系，多学科知识融合将成为高校跨境电子商务复合创新人才培养的主要模式。

## 7.1 跨境电子商务人才发展研究

随着社会经济的不断发展，"互联网＋产业"已经渗透到我国的各个领域，很多行业对电子商务人才的需求也越来越高，而且全球一体化的不断深入也带动了跨境电子商务的发展。目前，在跨境电子商务人才的培养方面面临着更多的挑战。安乔治（2018）提出，在应用型本科院校开展"跨境电子商务人才培训项目"，短期班培养初级人才，实验班培养中高级人才。针对此问题，孙会茹（2017）提供了高职院校为社会培养技能型人才的经验。在国家"一带一路"倡议的背景下，跨境电子商务成为推动区域经济发展的必然需求。汤蒸（2018）从当地跨境电子商务实际情况入手，探究了广西跨境电子商务企业人才需求及人才培养对策，以期为国家"一带一路"倡议实施和广西区域经济发展提供人才保障。

### 7.1.1 跨境电子商务复合人才研究

近几年关于复合型人才方面的文章有99篇。如程晓红（2013）定义了复合型人才的概念，即那些具备交叉学科的知识内容与创新能力的人才。复合创新型人才能在对交叉学科知识结构融会贯通的基础上激发出具有核心竞争力的互联网思维和创新创业的综合能力。高磊（2011）以博士生为例论述了创新人才选拔机制改革的必要性与可行性，提出了创新人才选拔机制上的实践与有关探索的建议。陈洪捷（2010）探讨了知识生产模式的转型问题，如培养模式的多样化、跨学科培养、与工业界合作培养等。高磊（2011）提出通过人才培养模式改革，构建多学科集成与交叉的培养环境与机制，以期培养出未来能够解决综合性重大科技和社会问题的复合型创新人才。

### 7.1.2 跨境电子商务创新人才研究

高益民（2012）重点揭示了日本创新人才培养战略中的实践取向，即对实践领域创新人才培养的重视。 李雪飞（2011）认为，人才培养模式向交叉学科模式转变是一种发展趋势，以学科为基础的跨学科组织建制是这种模式的基础。 马廷奇（2011）建议积极推进学科交叉的制度创新，促进复合创新人才培养模式的构建，实现交叉学科建设与拔尖人才培养的互动和协同。 王玲（2012）认为，应该激发学生参与跨学科学术研究的兴趣，并基于美国案例建议完善治理与评价机制，促进复合创新人才的可持续发展。 基于日本的创造型和跨专业复合型人才的教育综合改革，张海（2013）提出了我国全方位创新人才设计计划的部分参考内容。 Campbell（2012）通过质疑学习法设计了创新人才培养模式。 Simonson & Shadle（2013）也通过类似的过程导向质疑学习法设计了创新人才培养模式。 Madhuri（2012）认同启发性教学对复合创新人才培养有积极作用。 孔寒冰（2011）强调了工程学科知识体集成各类科学元素以后将实现复合知识体模型的建立。

### 7.1.3 跨境电子商务人才实践研究

王志东（2011）以实验教学为基础构建了大学生实践动手能力、工程设计能力及科技创新能力培养体系。 邹晓东（2010）分析了影响工程创新培养模型的缺陷，提出了相应人才培养模式的对策与建议。 许士春（2018）研究构建了一套创新能力培养的系统性模式，以便培养具有创新精神和实践能力的复合型人才。 孙方红（2018）探索"创意促进创新，创新助推创业，创业形成能力"新模式，解决了创新型、复合型人才紧缺等问题。 卢彰诚（2018）构建了"互联网＋"深度融合的人才培养模式，实现了"复合"和"创新"之间整体的协同效应。 刘金涛（2017）分析了知识模型与人才培养相互融合而形成的耦合机制，促进了创新能力的发展。 陈锋（2011）基于知识创新的SECI 模型，探索构建培养学生的综合创新能力体系。 马丽（2017）通过SECI 模型实现知识创造，以提高复合创新人才的培养质量。

跨境电子商务人才需要掌握电子商务专业知识，熟悉企业电子商务运营和管理、国际贸易实务、国际物流、跨境支付、国际管理等知识。 但在高校现行的专业设置体制下所培养出来的毕业生仅仅具备单一方面的知识，难以满足跨境电子商务快速发展的综合性需求。 与传统的电子商务不同，跨境电子商务更注重跨境这个层面，学生不仅要全面掌握电子商务的内容和相关技能，同时还要具备国际贸易实务知识，具备良好的外语交流能力（林臻，2018）。 跨境电子商务是近两年才在我国发展起来的，是一种新兴的贸易方式，目前很多高校为了适应社会的发展需求，才陆续创建跨境电子商务专业或者在电子商务专业、国际贸易专业的基础上增加了跨境电子商务方向（刘云芬，2017）。 但是这方面的师资力量是严重缺乏的，很多老师也是刚刚接触到这个新兴的专业。 虽然只是在电子商务前加了"跨境"两个字，但是整个专业建设的复杂程度急剧提高。 多数老师对跨境电子商务这种贸易方式仅掌握一些皮毛，并且很少有实践经历，在上课的时候主要依照教材的内容进行教学（李湘滇，2018）。 同时，在国家层面关于跨境电子商务的法律法规还不十分完善，社会上跨境电子商务企业大部分还处在发展阶段，模式不成熟，而学校的跨境电子商务人才也不完全了解企业对于跨境电子商务人才的需求，因此，学校和企业之间无法顺利达成长期、有效、稳定的合作机制（贾学芳，2018）。

综上，在跨境电子商务人才需求极其旺盛，但现行的教育体系无法满足的背景下，亟待一种全新的模式为跨境电子商务复合型和应用型人才的培养提供指引。 在分析以上文献的基础上，结合实际情况，本书设计了复合创新型人才知识模型。

## 7.2 跨境电子商务创新型人才知识模型的设计

### 7.2.1 高校复合创新型人才培养模式的内涵

复合创新型人才知识模型是以现有理论知识为基础，以开发创新创业能力为核心的人才范式。 复合创新型人才的预期培养模式是指以复合创新型人才知识模型作为人才培养目标和标准的基础内容，设计出的具有创新创业能力结构和素质内容的体系和方法。

高校复合创新型人才培养模式是一个包括复合创新型人才培养模式和人才成长环境两大部分的系统。 通过对曾月征（2016）、金一平（2015）、赵宁（2014）、赵伟（2013）的评价体系的综合分析，结合实际情况，本书得到复合创新型人才评价指标体系（见表 7-1）。

表 7-1　复合创新型人才评价指标体系

| 一级指标 | 二级指标 | 三级指标 |
| --- | --- | --- |
| 复合创新型人才 | 基础理论知识学习能力 | 基础知识丰富 |
| | | 实践动手能力 |
| | | 自主学习能力 |
| | 复合知识学习能力 | 组织协调能力 |
| | | 跨学科学习能力 |
| | | 系统规划设计 |
| | 创新创业能力 | 创业管理类知识丰富 |
| | | 信用,责任感 |
| | | 抗挫折能力 |

资料来源:作者整理。

### 7.2.2　跨境电子商务创新型人才知识模型

在面向应用的交叉性学科中，人才培养涉及多个学科的知识，每个学科的知识又可分为基础理论知识和实践技能两类。 其中，基础理论知识在当前的本科专业培养方案中，通过学科基础课、专业基础课和专业课教授；实践技能通常包含在专业基础课和专业课的课内实验、课程设计、实习实训、各类创新创业竞赛辅导等教学环节中。

本书假设:

第一，一个学生用于学习和掌握各种知识的时间（或精力）是一定的。

第二，对于任何一个知识内容，学生接受知识的程度与所用时间成正比。

第三，不同类型知识及其被接受程度与学生不同能力的表现成正比。 例如理论知识扎实的学生能够更加容易地开展理论研究，或者说在理论研究领域更有潜力；而实践技能掌握较好的学生则在工程项目中具有更强的能力。

第四，全程导师这一角色在学生对理论知识和实践技能的接受程度上能起到正向作用。

第五，创新项目、创业竞赛的参与在提高学生对实践技能的接受程度上能起到正向作用。

按照上述假设，本书将复合创新型人才知识模型定义为公式（7-1）：

$$K=\theta[aT+bC+(1-a-b)G] \tag{7-1}$$

$$K_T=\theta aT \tag{7-2}$$

$$K_C=\theta bC \tag{7-3}$$

$$K_G=\theta(1-a-b)G \tag{7-4}$$

公式（7-1）中，$K$ 表示理论知识、交叉学科知识与创新创业实践技能的比例。$a$ 表示接受理论知识所占用的学习时间百分比（$0 \leqslant a \leqslant 1$），$b$ 表示接受交叉学科知识所占用的学习时间百分比（$0 \leqslant b \leqslant 1$），$\theta$ 表示学生的知识接受程度。$T$ 表示理论知识的总量，$C$ 表示交叉学科知识的总量，$G$ 表示创新项目实践和创业竞赛技能的总量。理论上来说，$T$、$C$ 和 $G$ 的量纲是时间，即普通学生获取对应容量内容所需要的平均时间。对于任一个专业，一般来说，培养计划确定了，方案中 $T$、$C$ 和 $G$ 都是可大致估算的，而 $a$、$b$ 和 $\theta$ 则可以通过学生与培养导师的协同努力动态调整。

公式（7-2）、公式（7-3）和公式（7-4）分别表示理论知识模型、交叉学科知识模型和创新创业实践技能模型，$K=K_T+K_C+K_G$。$\dfrac{K_T}{K_r+K_C+K_G}$、$\dfrac{K_C}{K_r+K_C+K_G}$ 和 $\dfrac{K_G}{K_r+K_C+K_G}$ 分别表示知识结构中理论知识、交叉学科知识和创新创业实践技能所占的比例。

学校的培养计划方案只确定了大致的 $T$、$C$ 和 $G$ 的时间分布，但是在实际中，自学能力强的学生还可通过其他途径增加学习时间，例如利用课余时间进行网络学习、课外讲座和自主创业等。本书把这部分时间定义为 $\Delta t$，即 $\Delta t=t_T+t_C+t_G$。其中，$t_T$ 表示用于学习理论知识的课余时间，$t_C$ 表示用于学习交叉学科知识的课余时间，$t_G$ 表示用于学习创新创业实践技能的课余时间。因此，复合创新型人才知识模型转变为公式（7-5）、公式（7-6）、公式（7-7）和公式（7-8）：

$$K=\theta[a(T+t_T)+b(C+t_C)+(1-a-b)(G+t_G)] \tag{7-5}$$

$$K_T=\theta a(T+t_T) \tag{7-6}$$

$$K_C=\theta b(C+t_C) \tag{7-7}$$

$$K_G=\theta(1-a-b)(G+t_G) \tag{7-8}$$

公式（7-5）给出的是复合创新型人才一般性知识模型，通过公式（7-6）、公式（7-7）和公式（7-8）则可计算人才的知识结构。根据这一模型，我们可知在人才培养过程中的重要因素是如何提高学生的知识接受程度 $\theta$ 和增加课余学习时间 $\Delta t$。人才的培养方向（理论型或创业型）则取决于培养方案中 $T$、$C$、$G$ 的比例，以及理论知识学习、交叉学科知识学习与创新创业实践技能学习之间的时间分配参数 $a$ 和 $b$。$a$ 和 $b$ 的取值则由学生自主决定。

因此，在培养计划确定之后，如何使 $\theta$ 和 $\Delta t$ 提高及如何引导学生合理确定 $a$ 和 $b$ 的值是当前提高复合创新型人才培养质量的关键。依据上述理论模型，本书有针对性地提出了"全程全员"导师制度，通过导师制优化参数 $a$ 和 $b$，提高 $\theta$ 和 $\Delta t$，从而使学生形成复合型的知识结构，优化提升学生的创新创业综合能力。

## 7.3　跨境电子商务人才培养"杭州模式"的实践

人才是跨境电子商务发展的关键。为形成中国杭州跨境电子商务产业人才竞争优势，经过探索与实践，中国（杭州）跨境电商综试区人才建设的"杭州模式"逐步形成，为推动中国（杭州）跨境电商综试区人才建设从"唯一"向"第一"转变奠定了基础。

"杭州模式"的本质特征就是坚持政府、企业、高校、社会（即社会组织，如协会、联盟、培训机构等）等各就其位，各谋其政，多力合一，形成完整健康的人才生态圈。政府重在政策引导与平台搭建，在生态圈中发挥指导与引领作用；企业重在人才使用、实践提升与信息反馈，是生态圈中的主体；高校重在通过企业方的反馈信息开展人才培养与供给，是生态圈中的上游环节；社会组织不仅是生态圈中的独立环节，同时又是各个环节的补充，社会组织的存在能使整个生态圈中各个环节的联系更加顺畅、高效，某种程度上决定着生态圈的健康程度。

### 7.3.1 出台跨境电子商务人才队伍建设有关法律法规与政策

2016 年 4 月，中国（杭州）跨境电商综试区建设领导小组办公室出台了《杭州市跨境电子商务人才队伍建设工作意见》，提出加快跨境电子商务人才储备等四大方面、加大专业培育力度等 10 项举措、杭州市跨境电子商务杰出人才培育计划等 13 个重点实施项目；2016 年 10 月 26 日，杭州市第十二届人民代表大会常务委员会第四十次会议通过了《杭州市跨境电子商务促进条例》，作为中国跨境电子商务领域首个地方法规，其指出统筹管理机构中国（杭州）跨境电商综试区管理办公室的九条工作职责中的第八条就是负责跨境电子商务人才体系建设，该条例的三十四、三十五、三十六条还专门阐述了跨境电子商务人才队伍的建设。 上述有关跨境电子商务人才法律条文与政策对人才队伍建设工作的支持力度之大前所未有，为综试区开展人才队伍建设工作提供了坚实的法律与政策保障。

### 7.3.2 重视跨境电子商务的人才储备

高校是跨境电子商务人才的源头与蓄水池。 杭州拥有高校 43 所，具有培养跨境电子商务人才得天独厚的优势，抓住了高校这个源头，也就找到了破解跨境电子商务人才供应瓶颈的方法。

（1）加大专业培育力度

综试区鼓励与支持在杭高校开展跨境电子商务新专业申报。 杭州市政府文件明文规定新专业一旦获得教育部审批通过即给予 100 万元的资金奖励。在杭高校申报新专业积极性高，连续 3 年申报，尽管因教育部对目录外专业设置要求严格而至今未获得通过，但通过"以报促建"，新专业设置的条件已日臻成熟，高校开展跨境电子商务专业教育的氛围日益浓厚；在新专业设置未成的情况下，综试区鼓励在杭高校在物流管理、国际贸易实务、报关与国际货运、国际商务、商务英语、市场营销、电子商务等专业设置跨境电子商务方向或课程群，如在现有小语种专业的基础上增设适应跨境电子商务发展需求的其他小语种专业。中国（杭州）跨境电商综试区授牌跨境电子商务人才培养成效显著的高校为跨境电子商务人才培育基地，首批人才培育基地称号授予浙江工商大学等7所高校。

（2）推动大学生见习训练与创新创业

充分利用《杭州市大学生见习训练实施办法》的优惠政策，由中国（杭州）跨境电商综试区牵头，加强高校与企业的合作，开展跨境电子商务大学生见习实训工作，2017年顺利完成杭州大学生创业实训办下达的1000人次的实训任务；以"杭州市大学生创业三年行动计划"为平台，积极推动杭州市大学生进行跨境电子商务创新创业，符合文件规定条件的享受现有各类大学生创业优惠政策；在中国杭州大学生创业大赛中开设跨境电子商务组别，并通过创业大赛引进跨境电子商务创业团队和优秀人才，2017年第五届中国杭州大学生创业大赛跨境电子商务组别竞赛中美国斯坦福大学的 Snackoo 项目获得总决赛特等奖并成功落户杭州。

### 7.3.3 力推跨境电子商务人才社会化培养

（1）加大企业孵化培训力度

中国（杭州）跨境电商综试区积极组织引导行业协会、院校、跨境电子商务平台、社会培训机构开展跨境电子商务培训，对接受培训的企业提供补贴。各企业通过在杭高校及认定的社会培训机构（含跨境电子商务平台），为员工开展跨境电子商务专业培训。

（2）开展"跨境电子商务大讲堂"活动

确立名师选聘、培养、管理、评定机制，组建跨境电子商务名师团，在各大跨境电子商务产业园、高等院校全面开展"跨境电子商务大讲堂"活动，邀请名师名家对跨境电子商务领域的创业动向、创业规则、实操技能、政策法规、最新动向等进行宣讲培训，为跨境电子商务人才、企业提供咨询和指导等服务。

随着跨境电子商务人才培养"杭州模式"的逐步成型，杭州必将成为跨境电子商务人才的聚集地。赢得人才才能赢得未来。跨境电子商务人才队伍建设的"杭州模式"将为跨境电商综试区的国家战略提供人才保障。

# 8 跨境电子商务信用评价体系构建

## 8.1 跨境电子商务信用评价体系发展的环境

### 8.1.1 政策环境

在政策上，我国近几年出台了一系列相关的法律法规为此做铺垫。归纳如下。

第一，2013 年 2 月 17 日，我国国家外汇管理局颁布《支付机构跨境电子商务外汇支付业务试点指导意见》。

第二，2013 年 8 月 29 日，我国商业部及国家发改委等 9 部委联合出台了《关于实施支持跨境电子商务零售出口有关政策的意见》，其中对跨境电子商务在发展的过程中遇到的问题提出了相应措施，并且说明了要建立电子商务的出口信用体系，以此来改善跨境电子商务当前较为不稳定的市场秩序。

第三，2013 年末，我国商务部出台了《关于促进电子商务应用的实施意见》，其中提到了须加快跨境电子商务整体流程中的支付、监管、诚信等相关配套体系的建设。

第四，2015 年 6 月 9 日，《质检总局关于加强跨境电子商务进出口消费品检验监管工作的指导意见》中说明，要明确跨境电子商务企业的质量安全主体责任，构建以风险管理为核心，以事前备案、事中监测、事后追溯为主线的跨境电子商务进出口消费品质量安全监管模式，逐步建立跨境电子商务消费品质量安全风险监测机制和质量安全追溯机制，加强跨境电子商务进出口消费品领域的打击假冒伪劣工作。

第五，2015年6月20日，国务院发布的《国务院办公厅关于促进跨境电子商务健康快速发展的指导意见》中提到，规范跨境电子商务经营行为，加强诚信体系建设，完善信用评估机制，实现各监管部门间的信息互换、监管互认、执法互助，构建跨境电子商务交易保障体系。

第六，2016年12月30日，国家发改委、中国人民银行等发布的《关于全面加强电子商务领域诚信建设的指导意见》中提到，需要充分认识到加强电子商务领域诚信建设的重要意义，并且给出了相应的指导思想和基本原则。

第七，2018年8月31日，《电子商务法》经第十三届全国人民代表大会常务委员会第五次会议审议通过，并于2019年1月1日起施行，成为我国电子商务领域首部综合性法律。《电子商务法》除明确跨境电子商务从业者应该遵守进出口监管的法律规定外，更丰富了跨境进口消费投诉热点问题的解决方案的法律依据，多角度促进跨境电子商务行业良好健康发展。

第八，2018年11月8日，我国海关总署发布的《关于实时获取跨境电子商务平台企业支付相关原始数据有关事宜的公告》近一步提供了与跨境电子商务支付信用相关的安全保障。

政策的指向性和立法的规范化为跨境电子商务信用评价体系的构建提供了明确的导向及最大限度上的保障。

### 8.1.2 技术环境

成熟体系的建设的各个环节都离不开完备的技术支持，要建立规范合理的信用评价体系也不例外地需要一个好的技术环境。

从平台的技术上来看，我国现在的跨境电子商务交易主要依靠像阿里巴巴这样的大型交易平台，而在跨境企业数量飞速增长及跨境交易额急剧增加的压力下，这些平台也在不断地对可能产生的超负荷的压力进行评估，并对平台不断地进行技术上的升级，增加其网络安全性，加大对网络信用监管的监控力度，以此来降低跨境电子商务信用问题发生的概率。

从处理的技术上来看，大数据的发展和对其重视度的提高为跨境电子商务交易过程中所产生的大量数据的分析处理提供了保障。本来在交易前、交易中及交易后，所产生的海量信用信息的处理是一件十分困难的事情，但由于大数据的出现，这些数据的处理可以依靠大数据顺利完成。同时，这为跨境电子商务信用评价体系中的数据库的搭建提供了极大的便利。

除此之外，认证技术等与信用评价体系相关的技术的发展也为跨境电子商务信用评价体系的构建打下了良好的基础，提供了相当有效的技术支撑。

## 8.2 国内电子商务信用评价体系的影响

相比于跨境电子商务信用评价，我国国内电子商务信用评价体系经历了多年的发展且趋向成熟。国内的电子商务信用评价体系主要集中于像淘宝网这样的 C2C 类型的建设上，虽然在体系上可能还存在指标健全度并不是很完善、交易评价的真实性有待查明、体系模型相对单一这些问题，但对比跨境电子商务来说，国内电子商务的信用评价体系是一个很好的参考与借鉴，其开创的一种独特模式为构建跨境电子商务信用评价体系提供了雏形。

本书以国内最具有说服力之一的淘宝网的信用评价体系来进行分析和说明。淘宝网的信用评价体系构成主要如表 8-1 所示。

表 8-1　淘宝网信用评价体系构成

| 体系构成 | 主要内容 |
| --- | --- |
| 信用评分 | 买卖双方的信用评价,对应相应的信用积分,现在买家评价基本可划进店铺评分中,但是在确认收货后卖家也会对买家进行评价,以此维持买卖双方之间的信任 |

续　表

| 体系构成 | 主要内容 |
|---|---|
| 店铺评分 | 买家确认收货后对卖家的直观评价,涉及宝贝与描述是否相符,卖家发货速度、物流服务等方面,淘宝网分别计算每项的平均值,为店铺的各项服务进行全方位的综合评价。买家还可进行针对商品的语言描述评价及图片展示,更直观地让其余消费者了解产品甚至是店铺 |
| 其余模块 | 结合店铺的平均退款速度及同行平均退款速度、店铺的退款率及同行退款率、店铺的投诉率及同行投诉率、店铺的处罚数及同行处罚数这些店铺近 30 天的交易服务数据对店铺进行评估 |
| | 根据主营与非主营行业区分店铺半年内所产生的好、中、差 3 个评价,记录店铺信用成长情况 |
| | 通过对卖家精准信息的披露来强化店铺卖家的身份,提高交易中的透明度及交易双方的信任程度 |
| | 卖家保证金的披露,让消费者可以直观地了解消费者保障服务保证金的情况,并且系统会对此进行一定的评估,这会对店铺产生后续影响 |

　　期初的淘宝网信用评价体系只是由信用评分及店铺评分组成,但随着电子商务的发展,淘宝网对其信用评价体系进行了升级,后续加入了表中所提及的其余模块,并将信用评分和店铺评分这两个最原始的模块进行更为合理的划分。 升级后的淘宝网信用评价体系可以说是较为全面地分析评估了每个店铺各个方面的信用指标,如最关键的买家卖家互评,可以了解店铺金融情况的保证金,卖家信息的部分透明化,等等。 这不光为国内电商在信用评价体系构建方面提供了一个框架蓝图,更为跨境电子商务信用评价体系提供了一个范本,为其指标的构建提供了全方位的支持参考。

## 8.3　跨境电子商务信用评价体系现阶段存在的问题

### 8.3.1　法律法规初步建立

　　虽然前面提到近几年与跨境电子商务信用相关的法律法规逐步健全,但远远没有达到其应有的标准,且这方面的规定更多的是发表在公告和意见上，《电子商务法》也是在历经多次讨论及修改后在 2018 年才有最初的版本，所以说现今跨境电子商务方面的法律法规虽逐步健全但还远远不够。

法律法规约束不到位就会产生一系列的信用问题，而提及最多的是信息不对称的问题。跨境电子商务买卖双方由于处于不同国家，很难对对方的信用做出准确判断这一情况便是体现。并且跨境电子商务不同于传统电子商务，由于国界的不同、语言的差异，在交流及产品信息的掌握等多方面会出现问题，同时，不同国家的法律及政策也会有所不同，所以我国或者说是各国如何处理好这些方面的问题，制定出让大部分国家都满意的法律法规是需要考虑的问题。

除涉及信用评价本身的法律法规外，我国当前在海关（检验检疫）、税务和收付汇等方面仍然沿用传统贸易方式的法律法规，这已无法满足跨境电子商务的需要。

### 8.3.2　社会信用体系不够健全

近年来，随着我国市场化程度的不断提高，相应地就会要求社会信用体系更加完善。但是，我国的社会信用体系长期以来一直处于缺失的状态，严重地阻碍了跨境电子商务信用评价乃至整个跨境电子商务行业的发展。如表8-2 所示，对比美国、日本及欧洲各国等发达国家，我国显然没有形成一个相对完善的社会信用体系。

表 8-2　各国社会信用体系模式

| 国　　家 | 社会信用体系 |
| --- | --- |
| 美国 | 以信用中介机构为主导的模式 |
| 日本 | 以三大行业协会为主导的模式 |
| 欧洲各国 | 以政府、中央银行为主导的模式 |

我国至今未形成相对完善的社会信用体系的原因主要有以下几点：

第一，中国部分公民在信用的认知上存在不足，甚至网络上时有出现一些违反基本道德规范的行为及违背市场经济规律的情况，这会强烈影响整体的社会信用。

第二，中国的市场环境导致很多企业信用意识薄弱，企业对信用体系建设的缺乏导致企业内部存在相当程度上的信用问题。

第三，社会上存在的诸多信用中介的服务体系不够健全，无法适应现在快速发展的跨境电子商务市场。

目前，信用交易已然成为市场经济体制下最主要的交易手段，而大数据背景下的跨境电子商务信用评价必须要以一个健全的信用体系来作为支撑。如何去营造一个良好的市场交易环境，做到信息透明度的提高、公开化的深入；如何提升企业整体的信用意识，从而加强员工的信用意识；如何拓展、规范第三方信用评价业务；等等。这些与我国社会信用体系相关的问题亟须解决。

### 8.3.3 信用基础数据分离严重

信用基础数据分离严重的问题会导致大数据背景下的跨境电子商务信用评价体系得不到信息上的支撑，因为大数据背景下的跨境电子商务信用评价的前提是必须以与信用相关的基础信息作为基础，然后才能确保最终评价结果的专业性及准确性。我国的信用基础信息主要由3个层次构成，见表8-3。

表8-3　我国信用基础信息层次

| 构　成 | 特　点 |
| --- | --- |
| 人民银行征信系统 | 规模大，数据最完整并且实现了全国联网，任何商业银行都可进入此数据库 |
| 政府职能部门的信息数据系统 | 以发改委、法院、海关、税务局、商务部、市场监督局等部门为主，依据各自的需求建立信息数据库 |
| 专业第三方征信机构 | 例如外资企业、中介机构，专门从事信用信息收集、信用评级等方面的业务 |

这3个层次虽然看似分工明确，有各自的特点，但其信息在数据库方面是彼此分离的，这就会导致"信息孤岛"现象的产生。很多信用基础信息只允许在某一层次的小范围内调查使用，信息分割现象严重，存在部分信息被部分行业垄断的现象，这些降低了整体信用评价的专业性、准确性和可信度。

对多层次的支离破碎的信用基础信息进行归整，让信用基础信息被更系统、完整地记录将会对跨境电子商务信用评价产生很大的影响。

# 8.4  跨境电子商务信用评价体系指标构建

## 8.4.1  指标选取的原则

跨境电子商务信用评价体系的指标选取需要遵守一些基本原则，最主要的有合法性、科学性、有效性及完整性这 4 个。

（1）合法性

跨境电子商务信用评价体系的指标构建必须严格遵守国家法律和相关政策，并且需要注意其他国家的法律法规，比如在数据隐私保护方面，包括我国在内的很多国家都是有严格的隐私保护法律法规的，因此在指标的选取中要考虑避开这些信息敏感区域，合法地构建指标，避免引起不必要的纠纷。

（2）科学性

信用评价体系指标的科学性直接决定了体系整体运行良好，每一项指标的选取都必须是有依据的，每一项统计、计算、处理都需要体现出严谨性和科学性，这样才能最终达成指标之间相互配合并且不重复不矛盾的结果。

（3）有效性

有效的大数据基础是有效的指标建立的保障。由于当前大数据是热门，出现了部分对其不合理的理解——大数据就是大量的数据，这显然是不对的。大量的数据中真正有用的数据并不多，大数据价值的密度其实是不高的。根据"二八定律"，数据源中可能只有 10%—20% 的数据是可以进行选取，用于指标的构建的，指标中有效的数据才会让跨境电子商务信用评价体系最终更加具有说服力。

（4）完整性

合理的跨境电子商务信用评价体系必须能够全方位地反映评价对象的信用情况，进而才可以体现出一个被用户所能接受的信用评价体系的优劣情况，这就需要在指标构建上具有完整性。指标选取过少会导致体系层次不够分明，指标选取过于片面会导致体系的输出结果有很大的局限性。当然，指标完整并不是要过分地增加指标数量，过多的指标选取会让评价体系过于冗杂，给实际操作带来更大的难度。

除上述 4 个主要原则外，指标选取还应遵循定性与定量相结合的原则，并且在选取的时候注重结合当前我国的国情及跨境电子商务发展的特点和趋势等，考虑这些方面所形成的最终指标才是合理的。

### 8.4.2 指标选取的依据

### 8.4.2.1 基于跨境电子商务本身特点角度的选取依据

选取指标时最重要的一点就是要从体系自身的特点入手，以出现的问题作为依据。针对跨境电子商务信用评价体系，需要以企业自身发展中出现的信用问题作为指标选取的依据，这样指标会更加具有针对性和指导性。根据调查研究，跨境电子商务的信用问题主要表现在以下几个方面。

第一，产品质量存在问题。有用劣质虚假产品滥竽充数的行为；有虚假宣传，造成信息误导的行为。这种做法其实是严重侵犯知识产权的，并且会让消费者产生不好的消费体验，阻碍跨境电子商务的可持续发展。

第二，交易信息泄露问题。由于在交易的过程中会涉及证件、家庭住址、银行卡号等较为隐私的信息，但跨境电子商务中卖家对于信息保护的重视程度还不是很强，所以无意甚至是故意泄露消费者信息的情况屡见不鲜，这存在于包括交易、物流等各个环节中。

所以除对管理平台的监管外，评判一个跨境电子商务企业是否出现这些问题最有效最直接的方式就是调查跨境交易动态信用评价。虽然该评价有作假的可能，但用户的评价是最直观的评判方式，也是国内大多数消费者做出是否购买的决策的主要依据。

### 8.4.2.2　基于跨境电子商务企业角度的选取依据

企业是跨境电子商务活动中的主体之一。 一个合法合格的企业，需要对外提供必要的基本信息，并且需要对内注重其管理方式。 作为从事跨境电子商务活动的交易主体之一的卖方企业，另外的主体消费者、管理平台等需要对其经营情况有一定了解，而一个企业的经营情况可作为初级的信用评判的依据。

除了经营状况，我国的信用评级机构在为企业开展评级工作的时候，往往还会对企业的财务状况进行分析。 财务状况可以说是与经营状况相辅相成的，两者都能从侧面反映出另一面（财务面反映经营面，经营面反映财务面）的情况。 而且财务状况可以说是企业运作的灵魂，企业的获利能力、偿债能力这些指标都反映着其最后能产生的信用关系，即获利能力的高低可以体现消费者是否相信该企业并愿意进行消费，偿债能力的高低可以作为体现信用好坏的依据。

所以本书认为，从企业的角度进行指标的选取，经营状况及财务状况是两个重要的考察点。

### 8.4.2.3　基于商贸角度的选取依据

作为指标选取的最好依据，传统的商贸可以成为很好的借鉴。 由于互联网的存在，使得跨境电子商务在流程上比传统商贸有所简化，但在很多信用评价的指标上是不会有太大变化的。

在传统的商贸活动中，对于商品往往是通过口头的叙述表达建立起口碑，然后吸引更多的消费者进行消费，但如果一个商品的口碑不好，就会导致消费者不愿意购买的情况。 由此可以看出，交易评价对于交易活动的重要性。 得益于网络的发展，口口相传的方式更多地体现在互联网的动态交易信用评价上，所以这个指标的选取可以说是基础的、关键的。

另外，在传统的商贸活动中，消费者选择某个品牌时肯定会考虑这个企业当前的经营情况，大多数人不会去购买一个处在倒闭边缘的企业的产品，也不会有消费者去购买曾经欺骗过自己的企业的产品，这在跨境电子商务中也是类似的。 所以在考量跨境电子商务信用评价体系构建哪些指标时，需要关注这些在传统商贸中出现的情况。

### 8.4.2.4　跨境电子商务信用评价体系的指标选取

除上述理论分析外，本书调查了用户认为的跨境电子商务本身所具有的特点、问题及用户想要更多了解的信用评价的内容，用于辅助指标的选取。结合各方面的分析，本书最终选取了跨境交易动态信用评价、跨境电子商务经营情况、跨境电子商务财务状况、企业以往信用这4个指标。

（1）跨境交易动态信用评价

跨境交易动态信用评价通俗地说就是用户的评价，即在交易过程中，用户对跨境商品的评价，对跨境服务质量的评价，以及对跨境交易安全的评价。

对跨境商品的评价是消费者在评论区域对商品直观的文字评价、图片评价、追评等，反映了消费者对产品、对商家的看法，为其他消费者提供信息上的参考。

跨境服务质量是指包括产品描述符合度、物流服务、客服售后服务在内的企业提供的供应链环节的质量。 这指标有利于及时发现企业在交易中的信用情况，反映了跨境电商在服务中体现的信用程度。

跨境交易安全指标与前面两个不同，用于对平台进行评估。 跨境交易安全指消费者的信息安全及支付安全。 信息安全包括平台对消费者隐私信息的保护是否到位，是否会出现隐私信息泄露的情况；支付安全包括平台提供支付技术的安全性，支付技术是否存在漏洞。

（2）跨境电子商务经营情况

跨境电商经营情况分为对外市场和对内管理两个方面。

对外市场方面主要是指企业销售产品的创新程度、产品认证情况、产品销售量等，这些方面都会对跨境电商企业的可信度产生影响。

对内管理方面是指跨境电子商务企业的内部管理能力，即内部企业文化是否符合企业目标、服务操作是否规范、培训制度是否合理等，这些方面都可以体现出企业整体素质及员工的素质，对于信用评价起着关键的作用。

（3）跨境电子商务财务状况

根据上述选取依据中提及的，跨境电子商务财务状况这个指标可以分成获利能力、偿债能力，除此之外还可以加上企业财务发展能力。

获利能力指的是企业在同等时间内获得利润的能力，这关系着企业是否可以按时偿还本金和利息，这与企业信用挂钩。

偿债能力指的是企业偿还债务的能力，反映了该企业的信贷能力与融资能力，侧面地为企业可持续发展做了铺垫。

财务发展能力是指企业未来能增长的资产及未来的资产增长率等指标，属于企业未来可持续成长指标，财务发展能力好的企业往往会有更好的信用。

（4）企业以往信用

这个指标需要通过查询政府相关部门及征信机构等的对外公开记录来评价。政府相关部门及征信机构会对企业进行信用评级，通过以前的这些评级和信用相关记录可以提取出用以参考的信用评价数据。

由此，综合上述 4 个方面可以得到跨境电子商务信用评价的指标体系，具体见图 8-1。

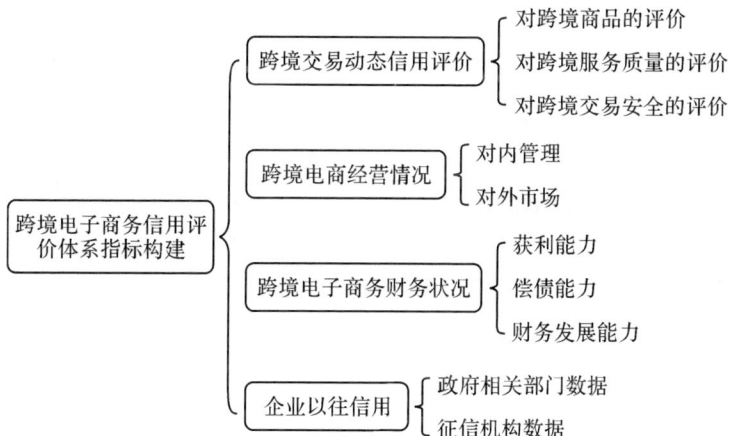

**图 8-1　跨境电子商务信用评价体系指标构建**

由于指标中会涉及一级指标和更细分的二级指标，甚至是三级指标，本书将四大指标进行了分类。

跨境交易动态信用评价指标的构成如表 8-4 所示。

表 8-4　跨境交易动态信用评价指标构建

| 一级指标 | 二级指标 | 三级指标 |
|---|---|---|
| 跨境交易动态信用评价（$\alpha$） | 对跨境商品的评价（$\alpha_1$） | 收货文字评价（$\alpha_{11}$） |
| | | 后期追评（$\alpha_{12}$） |
| | 对跨境服务质量的评价（$\alpha_2$） | 物流服务（$\alpha_{21}$） |
| | | 客服售后服务（$\alpha_{22}$） |
| | | 产品描述符合度（$\alpha_{23}$） |
| | 对跨境交易安全的评价（$\alpha_3$） | 信息安全（$\alpha_{31}$） |
| | | 支付安全（$\alpha_{32}$） |

跨境电商经营情况指标的构成如表 8-5 所示。

表 8-5　跨境电商经营情况指标构建

| 一级指标 | 二级指标 | 三级指标 |
|---|---|---|
| 跨境电商经营情况（$\beta$） | 对内管理（$\beta_1$） | 企业文化是否符合企业目标（$\beta_{11}$） |
| | | 企业培训制度是否合理（$\beta_{12}$） |
| | | 服务操作是否规范（$\beta_{13}$） |
| | 对外市场（$\beta_2$） | 产品创新程度（$\beta_{21}$） |
| | | 产品认证情况（$\beta_{22}$） |
| | | 产品销售量（$\beta_{23}$） |

跨境电子商务财务状况指标的构成如表 8-6 所示。

表 8-6　跨境电子商务财务状况指标构建

| 一级指标 | 二级指标 | 三级指标 |
|---|---|---|
| 跨境电子商务财务状况($\gamma$) | 获利能力($\gamma_1$) | 销售利润($\gamma_{11}$) |
|  |  | 净资产收益率($\gamma_{12}$) |
|  |  | 总资产报酬率($\gamma_{13}$) |
|  | 偿债能力($\gamma_2$) | 资产负债率($\gamma_{21}$) |
|  |  | 负债情况($\gamma_{22}$) |
|  |  | 资产流动比率($\gamma_{23}$) |
|  | 财务发展能力($\gamma_3$) | 总资产额($\gamma_{31}$) |
|  |  | 总资产增长率($\gamma_{32}$) |
|  |  | 销售增长率($\gamma_{33}$) |

企业以往信用指标的构成如表 8-7 所示。

表 8-7　企业以往信用指标构建

| 一级指标 | 二级指标 | 三级指标 |
|---|---|---|
| 企业以往信用($\delta$) | 政府相关部门数据($\delta_1$) | 质检信用($\delta_{11}$) |
|  |  | 海关信用($\delta_{12}$) |
|  |  | 市场监督(工商)信用($\delta_{13}$) |
|  |  | 税务信用($\delta_{14}$) |
|  | 征信机构数据($\delta_2$) | 信用评级($\delta_{21}$) |
|  |  | 信用异常($\delta_{22}$) |

# 9 跨境电子商务综合发展对策与政策建议

（1）跨境电子商务平台应充分组织和利用海外的优质货源进行营销渠道扩展

相对于国内市场，海外市场也有着大量的优质货源。寻找和组织利用优质的海外货源，是进口型跨境电子商务企业成功的关键。跨境电子商务平台应组织优质的海外货源，形成货源信息库，给平台上的企业提供优质的货源信息。精准营销是跨境电子商务企业成功的重要环节之一。跨境电子商务平台应对接并充分运用国内第三方电子商务平台，如天猫、亚马逊等进行营销渠道的扩展。电子商务企业可以在平台上以自营的方式进行自身商品的展示和销售，也可以在平台上寻找产品代销商，委托代销商在天猫、网易考拉、京东等第三方平台上展示和销售商品。

（2）跨境电子商务平台应发挥 B2B、B2C 保税进口模式的优势

B2B、B2C 保税进口模式相比传统的进口模式，有着成本较低、速度较快、部分税务减免、海关步骤简化、商品竞争力强等优势。跨境电子商务 O2O 分销模式具有配送流程规范、供货商账期短、客户满意度高等特点。跨境电子商务平台应充分利用这两种进口模式的优势和保税区内跨境电子商务相关政策来支持平台上的贸易。

（3）跨境电子商务平台应重视用户体验，形成口碑的传播机制

若跨境电子商务平台有较高的用户体验满意度，则可以有效地提高顾客

的二次购买率。 建议平台为国内进口电子商务提供完善的退换货支持服务。 因此，进口型跨境电子商务平台应重视用户体验，完善自身平台在文字内容、网站布局等方面的呈现效果，强调互动、交互特性，形成一种完备的商品退换货机制，提高商品在消费者中的口碑。

（4）跨境电子商务平台产业链向前延伸到企业，实现 M2B2C

跨境电子商务平台将产业链从商家向前延伸到企业，启动 M2B2C（Manufacturers to Business to Consumer）业务模式，生产厂家对消费者提供自己生产的产品或服务，减少流通环节，降低销售成本，提高整个跨境电子商务产业链的运行效率。

（5）跨境电子商务平台应当重视技术创新

信息技术在跨境电子商务中起着至关重要的作用，优秀的信息技术可以最大地优化电子商务的贸易成本，提高交易的效率和客户满意度。

利用大数据服务，最大限度地帮助卖家分析品类商品资金捆绑时间，计算出相对合理的库存指数，降低卖家的物流成本。 若跨境电子商务平台能率先运用大数据技术分析平台上的跨境电子商务数据，并进行发布，便能在商业信息发掘领域抢占先机，促进跨境电子商务贸易额的增长。 另外，可在跨境电子商务综合信息化服务平台基础之上，通过云计算技术，提高平台运行的效率。 同时，将可视化技术运用于综合信息化服务平台上，令海内外商家、客户实现线上线下平台的无缝对接，令客户和商家在任何时间、任何地点均能进行贸易，并获得信息查询、下单、支付和售后等各项服务，实时掌控贸易的每一个步骤。

（6）跨境电子商务平台发展应与实体经济相结合

跨境电子商务平台是一种渠道和工具，通过电子商务平台可以实现商品和货物的优进优出。 在支持各地跨境电子商务平台发展的过程中，政府应积极推动跨境电子商务平台与外贸业、制造业的融合，带动对外贸易存量的优化和增量的提升，从而在全国形成一个个跨境电子商务产业集群。

（7）发展跨境电子商务服务贸易产业生态

综合运用云计算、物联网、大数据、人工智能、区块链等新一代信息网络技术，聚集服务资源，创新服务贸易模式，丰富服务产品，逐步形成自组织、开放式、生态化服务贸易产业运作体系，积极培育和引进服务贸易生态企业。同时，面向服务贸易重点领域与方向，认识服务贸易产业发展特点与规律，创新与引进服务贸易生态企业政策措施，形成在线服务贸易创新发展高地。

（8）拓展与完善适合跨境电子商务的金融服务体系

构建和完善跨境电子商务产业多层次创新金融服务体系。跨境电子商务行业采取政府引导、引进战略投资等方式，全面整合能促进跨境电子商务产业发展的配套金融服务。聚集社会资本，加强政策性金融服务体系的专业化和市场化运作，完善信用体系建设、评估和监控体系建设，加大对金融服务体系支持的力度，加快推进跨境电子商务融合下金融机构和金融服务的网络化布局。

（9）鼓励相关方参与跨境电子商务国际标准制定工作

以 eWTP(E-World Trade Platform)建设为契机，选择在已突破的国家或地区建立跨境电子商务组织管理与协调工作机制，协商制定与跨境电子商务综合服务平台互联、互通、互认相关的制度与协议，推进数字口岸与境外国家或地区在报关、报检等信息方面的互联、互通、互认。鼓励企业及相关机构积极参与跨境电子商务国际标准、贸易规则的制定和修订工作。

（10）输出跨境电商综试区实践经验

充分利用各种媒体，采用多种形式，加强跨境电商综试区的对外宣传工作，适时输出综试区的创新模式及实践经验与做法，提升综试区在国内外的知名度和影响力，引领我国乃至全球跨境电子商务的发展方向。

# 参考文献

［1］ 邓富华,霍伟东,2017.自由贸易协定、制度环境与跨境贸易人民币结算［J］.中国工业经济（5）:75-93.

［2］ YAO D Q, WHALLEY, 2016. The China（Shanghai）pilot free trade zone:background, developments and preliminary assessment of initial impacts［J］. World economy,39（1）: 2-15.

［3］ 郭四维,张明昂,王庆,等,2018.新常态下的"外贸新引擎":我国跨境电子商务发展与传统外贸转型升级［J］.经济学家（8）:42-49.

［4］ 石良平,王素云,2018.互联网促进我国对外贸易发展的机理分析:基于31个省市的面板数据实证［J］.世界经济研究（12）:48-59,132-133.

［5］ 来有为,王开前,2014.中国跨境电子商务发展形态、障碍性因素及其下一步［J］.改革（5）:68-74.

［6］ 马述忠,张洪胜,王笑笑,2017.融资约束与全球价值链地位提升——来自中国加工贸易企业的理论与证据［J］.中国社会科学（1）:83-107,206.

［7］ 沈国兵,2018."美国利益优先"战略背景下中美经贸摩擦升级的风险及中国对策［J］.武汉大学学报（哲学社会科学版）,71（5）:91-99.

［8］ 柴跃廷,于潇,王璨,2018.跨境电子商务综合服务平台设计与实现［J］.当代经济管理,40（10）:23-27.

［9］ SONG S, CHOI S, 2018. The effective collection models of VAT/GST on e-commerce imports of low value goods ［J］. The journal of international trade & commerce，14（5）：221-236.

［10］ MA S H，CHAI Y X，ZHANG H S，2018. Rise of cross-border e-commerce exports in China ［J］. China & world economy，26（3）：63-87.

［11］ 杨云鹏,杨坚争,张璇,2018.跨境电商贸易过程中新政策法规的影响传播模型［J］.中国流通经济,32（1）:55-66.

［12］ 赵骏,干燕嫣,2017.变革中的国际经贸规则与跨境电商立法的良性互动［J］.浙江大学学报（人文社会科学版）,47（6）:88-102.

［13］ CHEN N，YANG J Z，2017. Mechanism of government policies in cross-border e-commerce on firm performance and implications on m-commerce ［J］. International journal of mobile communications，15（1）：69-84.

［14］ 汪旭晖,李璐琳,2018.新常态下跨境电商的商业模式创新与政策体系设计［J］.当代经济管理,40（7）:22-27.

［15］ 李晓龙,王健,2018.eWTP 倡议下构建国际贸易新规则的探索［J］.国际经贸探索,34（11）:102-114.

［16］ 杨坚争,2015.《电子商务法》之跨境电商立法前瞻［J］.服务外包（10）:22-24.

［17］ KWAK J，ZHANG Y，YU J，2019. Legitimacy building and e-commerce platform development in China ［J］. The experience of Alibaba，technological forecasting and social change （139）：115-124.

［18］ 柴跃廷,于潇,刘镇铭,2018.电子商务可信交易保障公共服务平台设计与实现［J］.清华大学学报（自然科学版）, 58（9）:802-807,820.

［19］ 赵保国,胡梓娴,2017.基于系统动力学的 B2C 跨境电商进口交易趋势预测［J］.国际商务（对外经济贸易大学学报）（4）:124-134.

［20］ 苏为华,王玉颖,2017.我国跨境电子商务综试区发展水平的统计测度［J］.商业经济与管理（6）:13-22.

［21］ ALM J，MELNIK M，2012. Cross-border shopping and state use tax liabilities：evidence from eBay transactions［J］. Public Budgeting and Finance，32（1）：5-35.

［22］ MASKUS K E，YANG L，2018. Domestic patent rights，access to technologies and the structure of exports［J］. Canadian journal of economics，51（2）:483-509.

［23］ AZAR G，DROGENDIJK R，2016. Cultural distance，innovation and export performance：an examination of perceived and objective cultural distance［J］. European Business Review，28（2）：176-207.

［24］ 杨坚争,王林,2016.中小企业跨境电子商务绩效的识别与检验——以四大自贸区内的对比分析为例［J］.管理学刊,29（3）:26-34,2.

［25］ XUE W，LI D，PEI Y，2016. The development and current of cross-border e-commerce［J］. WHICEB 2016 Proceedings，12（1）：53-59.

［26］ WU J，WANG C，HONG J，et al.，2016. Internationalization and innovation performance of emerging market enterprises：the role of host-country institutional development［J］. Journal of world business，51（2）:251-263.

［27］ VAHTERA P，BUCKLEY P，ALIYEV M，2017. Affective conflict and identification of knowledge sources in MNE teams［J］. International business review，26（5）:881-895.

［28］ 马述忠,陈奥杰,2017.跨境电商:B2B抑或B2C——基于销售渠道视角［J］.国际贸易问题（3）:75-86.

［29］ 马述忠,陈丽,张洪胜,2018.中国跨境电商上市企业综合绩效研究［J］.国际商务研究,39（2）:48-66.

［30］ CHO H，LEE J，2017. Searching for logistics and regulatory determinants affecting overseas direct purchase：an empirical cross-national study［J］. The asian journal of shipping and logistics，33（1）：11-18.

［31］ SHAO J，YANG H，XING X G，et al.，2016. E-commerce and traffic congestion：an economic and policy analysis［J］. Transportation research：Part B（83）：91-103.

［32］MARIA GIUFFRIDA，RICCARDO MANGIARACINA，ALESSANDRO PEREGO，ANGELA TUMINO，2017. Cross-border B2C e-commerce to Greater China and the role of logistics：a literature review ［J］. International journal of physical distribution & logistics management，47（9）：772-795.

［33］张林凤,2017.跨境电商物流服务质量指标体系的构建研究［J］.管理科学与工程,6（3）:116-123.

［34］HSIAO Y H, CHEN M C, LIAO W C，2017. Logistics service design for cross-border e-commerce using Kansei engineering with text-mining-based online content analysis ［J］. Telematics and informatics，34（4）：284-302.

［35］张夏恒,张荣刚,2018.跨境电商与跨境物流复合系统协同模型构建与应用研究［J］.管理世界,34（12）:190-191.

［36］MIAO M, JAYAKAR K，2016. Mobile payments in Japan，South Korea and China：Crossborder convergence or divergence of business models?. Telecommunications Policy，40（2-3）:182-196.

［37］YOUSEFI A，2015. The impact of cross-border e-commerce on international trade ［R］. International Institute of Social and Economic Sciences.

［38］李凌慧,曹淑艳,2017. B2C 跨境电子商务消费者购买决策影响因素研究［J］.国际商务（对外经济贸易大学学报）（1）:151-160.

［39］HAN J H, KIM H-M，2019. The role of information technology use for increasing consumer informedness in cross-border electronic commerce：An empirical study ［J］. Electronic commerce research and applications，34（3/4）.

［40］马述忠,濮方清,潘钢健,2018.跨境零售电商信用管理模式创新研究——基于世界海关组织 AEO 制度的探索 ［J］.财贸研究,29（1）:66-75.

［41］跨境进口电商 2017 年度数据盘点 ［EB/OL］. http://www. ebrun.

com/20180125/262645. shtml.

［42］亿邦动力研究院. 跨境电子商务创新研究报告［EB/OL］. http://www. docin. com/p-2128255340. html.

［43］2020 年全球跨境电商 B2C 市场展望报告［EB/OL］. http://www. 199it. com/archives/355771. html.

［44］2018 年跨境电商的几个趋势,对外贸有什么影响［EB/OL］. https://www. zxgj56. com/page32. html? article_id＝249.

［45］李东,2008. 面向进化特征的商业生态系统分类研究——对 33 个典型核心企业商业生态实践的聚类分析［J］. 中国工业经济（11）:119-129.

［46］ZHU L，THATCHER S M B，2010. National information ecology: a new institutional economics perspective on global e-commerce adoption ［J］. Journal of electronic commerce research，11（1）: 53-72.

［47］梁运文,谭力文,2005. 商业生态系统价值结构、企业角色与战略选择［J］. 南开管理评论,8（1）: 57-63.

［48］YOUA L，SIKORA R，2011. An adaptive evaluation mechanism for online traders ［J］. European journal of operational research，214（3）: 739-748.

［49］梁嘉骅,葛振忠,范建平,2002. 企业生态与企业发展［J］. 管理科学学报,5（2）:34-40.

［50］KHANAGHA S，VOLBERDA H，SIDHU J，et al.，2013. Management innovation and adoption of emerging technologies: the case of cloud computing ［J］. European management review，10（1）:51-67.

［51］MARSTON S，LI Z，SUBHAJYOTI B，et al.，2011. Cloud computing—the business prospective ［J］. Decision support system，51（1）: 176-189.

［52］VENKATESH V，THONG J C Y，XU X，2012. Consumer acceptance and use of information technology: extending the unified theory of acceptance and use of technology ［J］. MIS quarterly，36

（1）：157-178.

[53] ZHU F，ZHANG X，2010. Impact of online consumer reviews on sales：the moderating role of product and consumer characteristics [J]. Journal of marketing，74（2）:133-148.

[54] 王大海,姚唐,姚飞,2015. 买还是不买——矛盾态度视角下的生态产品购买意向研究 [J]. 南开管理评论，18（2）:136-146.

[55] 汪旭晖,张其林,2016. 平台型电商企业的温室管理模式研究——基于阿里巴巴集团旗下平台型网络市场的案例 [J]. 中国工业经济（11）:108-125.

[56] 杨善林,周开乐,2015. 大数据中的管理问题:基于大数据的资源观 [J]. 管理科学学报,18（5）:1-8.

[57] 黎志成,刘枚莲,2002. 电子商务环境下的消费者行为研究 [J]. 中国管理科学,10（6）:88-91.

[58] 周毅,孟卫东,柳晓莹,等,2010. 移动数据业务购买意愿的关键影响因素研究 [J]. 管理工程学报，24（1）:28,29-34.

[59] 戴德宝,刘西洋,范体军,等,2015. "互联网＋"时代网络个性化推荐采纳意愿影响因素研究 [J]. 中国软科学（8）:163-172.

[60] 孙爱婷,孙美莹,2016. 基于大数据技术的 O2O 跨境电商客户信息研究 [J]. 中国管理信息化,19（21）:154-156.

[61] 兰晓然,张灏,李明,等,2017. 基于数据挖掘的手机用户换机行为预测研究 [J]. 数学的实践与认识,47（16）:71-80.

[62] 魏如清,唐方成,2016. 用户生成内容对在线购物的社会影响机制——基于社会化电商的实证分析 [J]. 华东经济管理,30（4）:124-131.

[63] 周小平,梁循,赵吉超,等,2017. 面向社会网络融合的关联用户挖掘方法综述 [J]. 软件学报，28（6）:1565-1583.

[64] 张崇,刘颖,初敏,等,2017. 基于海量日志数据的移动 APP 用户采纳过程研究 [J]. 管理评论,29（1）:125-133.

[65] 张温琦,2017. 数据挖掘与用户的个性化需求——基于购物网站的分析 [J]. 金融经济月刊（5）:129-131.

［66］ 于本海,杨永清,孙静林,等,2015.顾客体验与商户线下存在对社区 O2O 电商接受意向的影响研究［J］.管理学报,12（11）:1658-1664.

［67］ 李富,2014.大数据时代消费者行为变迁及对商业模式变革的影响 ［J］.中国流通经济（10）:87-91.

［68］ 连丽样,成全,2016.跨境电子商务用户采纳行为的演化博弈研究［J］. 现代情报,36（5）:21-26,46.

［69］ 袁兴福,张鹏翼,刘洪莲,等,2015.基于点击流的电商用户会话建模 ［J］.图书情报工作,59（1）:119-126.

［70］ 郭崇慧,张倚天,2016.一种基于网络评论的商品特征挖掘方法［J］.情 报学报,35（1）:77-83.

［71］ 朱光婷,朱君璇,2014.大数据环境下网络消费者行为研究［J］.统计与 决策（23）:59-61.

［72］ 徐晟皓,杨楠堃,易梦乔,等,2015.基于支持向量机的消费者行为分类方 法［J］.价值工程（4）:19-21.

［73］ GATAUTIS R, KAZAKEVICIUTE A, TARUTIS M, 2014. Controllable factors impact upon consumer online behavior ［J］. Information and management,19（1）: 63-71.

［74］ SHIE B E, YU P S, TSENG V S, 2013. Mining interesting user behavior patterns in mobile commerce environments ［J］. Applied intelligence, 38（3）: 418-435.

［75］ SMITH R, DEITZ G, ROYNE M B, 2013. Cross-cultural examination of online shopping behavior: a comparison of Norway, Germany, and the United States ［J］. Journal of business research, 66（3）: 328-335.

［76］ PUJARI P, GUPTA J B, 2012. Exploiting data mining techniques for improving the efficiency of time series data using SPSS-Clementine ［J］. Journal of arts, science & commerce, 2（3）: 69-80.

［77］ SITANGGANGL S, ISMAIL M H, 2011. Classification model for hotspot occurrences using a decision tree method ［J］. Geomatics, natural hazards and risk, 2（2）: 111–121.

［78］SITANGGANGL S, YAAKOB R, MUSTAPHA N, 2012. Application of classification algorithms in data mining for hotspots occurrence prediction in Riau Province Indonesia［J］. Journal of theoretical and applied information technology, 43（2）: 214–221.

［79］KYLE B M, FABRIZIO D M, ADAM F, et al., 2010. The effect of weather on consumer spending［J］. Journal of retailing and consumer services, 17（6）: 512–520.

［80］ADRIAN F, REBECCA M, 2013. The impact of mood on customer behavior: staff mood and environmental factors［J］. Journal of retailing and consumer services, 20（6）: 634–641.

［81］HSIAO YU-HSIANG , CHEN MU-CHEN, LIAO WEI-CHIEN, 2017. Logistics service design for cross-border e-commerce using Kansei Engineering with text-mining-based online content analysis［J］. Telematics and informatics, 34（4）: 284–302.

［82］RAMAKRISHNAN R, 2010. The moderating roles of risk and efficiency on the relationship between logistics performance and customer loyalty in e-commerce［J］. Transportation research part e, 46（6）: 950–962.

［83］CURRIM I S, MINTZ O, SIDDARTH S, 2015. Information accessed or information available? the impact on consumer preferences inferred at a durable product e-commerce website［J］. Journal of interactive marketing（29）: 11–25.

［84］MAHMOOD T, MUJTABA G, VENTURINI A, 2014. Dynamic personalization in conversational recommender systems［J］. Information systems and e-business management, 12（2）: 213–238.

［85］MARIN L, ISERN D, MORENO A, et al, 2013. On-line dynamic adaptation of fuzzy preferences［J］. Information sciences（220）: 5–21.

［86］NEVES A R, CARVALHO A M, RALHA C G, 2014. Agent-based

architecture for context-aware and personalized event recommendation [J]. Expert systems with applications,2（41）：563–573.

[87] SU Q，CHEN L，2015. A method for discovering clusters of e-commerce interest patterns using click-stream data [J]. Electronic commerce research and applications（14）：1–13.

[88] 艾瑞咨询网.2018年中国跨境进口零售电商行业发展研究报告 [EB/OL]. http://www. iresearch. com. cn/Detail/report？id＝3203&isfree＝0.

[89] 张钰,2018. 中国跨境电商的问题及对策研究 [D].合肥：安徽大学.

[90] 张雪卫,2014.爱美购电子商务平台的商业模式创新研究 [D].上海：华东理工大学.

[91] MA S Z, CHAI Y X, ZHANG H S,2018. Rise of cross-border e-commerce exports in China [J]. China & world economy，26（3）：63–87.

[92] LIN，ARTHUR J，LI，ELDON Y，LEE，SHIH-YANG，2018. Dysfunctional customer behavior in cross-border e-commerce：a Justice-Affect-Behavior Model [J]. Journal of electronic commerce research，19（1）：36–54.

[93] GUO Y, BAO Y, STUART B J, et al. , 2018. To sell or not to sell：exploring sellers' trust and risk of chargeback fraud in cross-border electronic commerce [J]. Information systems journal，28（2）：359–383.

[94] HAN，BANGWOOL，KIM，MINHO，LEE，JAEHOON，2018. Exploring consumer attitudes and purchasing intentions of cross-border online shopping in Korea [J]. Journal of Korea trade，22（2）：86–104.

[95] SONG，SEONUK，2018. Plans for efficient control of Customs Agency in cross-border e-commerce [J]. The Journal of Korea research society for customs，19（2）：3–22.

[96] SU-YOUNG，MIE J K，2018a. A study on the selection criteria of delivery method for Korean cross-border e-commerce companies using AHP（Analytic Hierarchy Process）[J]. The journal of

international trade & commerce, 14（2）: 127-142.

[97] JAMES F, MOORE, PREDATORS, PREY, 1993. A new ecology of competition [J]. Harvard business review, 71（3）: 75-86.

[98] MOORE J F, 1996. The death of competition: leadership and strategy in the age of business [J]. Fortune（4）: 15.

[99] GOSSAIN S, KANDIAH G, 1998. Reinventing value: the new business ecosystem [J]. Strategy and leadership, 26（5）: 28.

[100] PELTONIEMI M E, VUORI, 2004. Business ecosystem as the new approach to complex adaptive business environments [C]. Frontiers of e-business research.

[101] KALAKOTA, RAVI, ROBINSON, MARCIA, 2002. M-business: the race to mobility [M]. New York: McGraw-Hill.

[102] HAGEL, JOHN III, SINGER, MARC, 1999. Net worth: shaping markets when customers make the rules [M]. Boston, Massachusetts: Harvard Business School Press.

[103] TAPSCOTT, DON, TICOLL, DAVID, LOWY, ALEX, 2000. Digital capital: harnessing the power of business webs [M]. Boston, Massachusetts: Harvard Business School Press.

[104] TIMMERS, PAUL, 1998. Business models for electronic markets [J]. EM- Electronic Markets（2）: 3-8.

[105] EVANS, PHILIP B, WURSTER, THOMAS S, 1997. Strategy and the new economics of information [J]. Harvard business review, 75（5）: 70-82.

[106] KAUFFMAN, ROBERT J, WALDEN, ERIC A, 2001. Economics and electronic commerce: survey and directions for research [J]. International journal of electronic commerce, 5（4）: 5-116.

[107] MOORE, JAMES F, 1998. The rise of a new corporate form [J]. Washington quarterl, 21（1）: 167-181.

[108] LEWIN R, 1999. Complexity: life at the edge of chaos [M].

Chicago：The University of Chicago Press.

［109］ 刘跃所,谢洪明,蓝海林,2004.战略生态理论的演进:概念与基本问题［J］.科学学研究（21）:25-33.

［110］ 陈建煊,杨建梅,2004.基于生态系统的企业集群研究［J］.技术经济与管理研究（5）:22-23.

［111］ 席酉民,2000.新世纪:中国管理科学界的挑战、机遇与对策［J］.管理科学学报,3（1）:7-14.

［112］ 赵志,陈邦设,2000.产品创新过程管理模式的基本问题研究［J］.管理科学学报,3（2）:15-20.

［113］ 陈柳钦,2006.产业发展的集群化、融合化和生态化［J］.经济与管理研究（1）:56-60.

［114］ DOBSON P W, 2006. Competing, countervailing and coalescing forces：the economics of intra-and inter-business system competition ［J］. Antitrust bulletin, 51（1）: 175-194.

［115］ 梁春晓.电子商务生态研究展望［EB/OL］.http ://www. escenter. org. cn/newsview. asp? id＝66,2008.

［116］ 胡岗岚,2010.平台型电子商务生态系统及其自组织机理研究［D］.上海：复旦大学.

［117］ NGUYEN T N, 2002. The ecology of software: a framework for the investigation of business—IT integration ［J］. Journal of american academy of business, 2（1）:7-11.

［118］ 胡岗岚,卢向华,黄丽华,2009a.电子商务生态系统及其协调机制研究——以阿里巴巴集团为例［J］.软科学,23（9）: 5-10.

［119］ IANSITI M, RICHARD G L, 2006. The information technology ecosystem：structure, health and performance ［J］. Antitrust bulletin, 51（1）: 77-110.

［120］ 刘鲁川,陈禹,2006.企业生态位与电子商务建设［J］.软科学,20（5）: 131-134.

［121］ 杨艳萍,李琪,2008.电子商务生态系统中企业竞争策略研究［J］.科

技和产业，8（9）：72-74.

[122] 司林胜，王凌晖，2010. 电子商务生态系统的系统特征及其优势［J］.
中国管理信息化（2）：101-104.

[123] ZHOU Q，ZHANG Q Q，LUO X，et al.，2013. Agent-based
simulation for online shopping platform rules［J］. Journal of applied
sciences，13（14）：2801-2806.

[124] BAILEY J P，BAKOS J Y，1997. An exploratory study of the
emerging role of electronic intermediaries［J］. International journal
of electronic commerce（13）：7-20.

[125] BAKOS Y，1998. The emerging role of electronic marketplaces on
the Internet［J］. Communications of the association for computing
machinery，41（8）：35-35.

[126] KAPLAN S，SAWHNEY M，2000. E-Hubs：the new B2B
marketplaces［J］. Harvard business review，78（3）：97-103.

[127] SUBRAMANI M，WALDEN E，2000. Economic returns to firms from
business-to-business electronic commerce initiatives：an empirical
examination［C］. Proceedings of the twenty first international conference
on information systems.

[128] 胡岗岚，卢向华，黄丽华，2009b. 电子商务生态系统及其演化路径
［J］.经济管理（6）：110-116.

[129] 王宇峰，杨小曼，唐慧佳，2004. 基于B2B的协同电子商务平台分析与
设计［J］.计算机工程与应用（36）：220-222.

[130] MOORE J F，2006. Business ecosystems and the view from the firm
［J］. Antitrust bulletin，51（1）：31-76.

[131] 闵惜琳，姚锐，2007. 电子商务生态系统中各主体的角色发展定位分析
［J］.商场现代化（6）：115-116.

[132] ZHU L，THATCHER S M B，2010. National information ecology：a
new institutional economics perspective on global e-commerce adoption
［J］. Journal of electronic commerce research，11（1）：53-72.

［133］ TIAN Z H，ZHAN Z J，GUAN X L，2014. A new structural analysis model for e-commerce ecosystem network ［J］. International journal of hybrid information technology,7（1）:43-56.

［134］ SUN S Y，HSU M H，WU C Y，2012. Developing a theoretical model on knowledge sharing behaviour in e-communities: integrating the economics, social psychology and social ecology perspectives ［J］. International journal of business and systems research，6（1）: 18-35.

［135］ LIU J，KAUFFMAN J，MA D，2015. Competition，cooperation，and regulation: understanding the evolution of the mobile payments technology ecosystem ［J］. Electronic commerce research and applications，14（5）: 372-391.

［136］ 何军,刘晓云,汪怡,2013.安徽省旅游景区电子商务生态系统评价与分析 ［J］.资源开发与市场,29（2）:215-219.

［137］ 樊晓云,2015.我国跨境外贸电商平台模式比较分析与选择 ［J］.对外经贸（2）:12-14.

［138］ 吕雪晴,周梅华,2016.我国跨境电商平合发展存在的问题与路径 ［J］.经济纵横,364（3）:81-84.

［139］ 原白云,闫俊琳,2016.中国跨境电商平台的营销运作模式探析 ［J］.中国集体经济（27）:116-117.

［140］ 廖润东,2017.中小型外贸企业跨境电商零售出口的困境及对策 ［J］.企业经济,36（11）:62-67.

［141］ 吴敏,2015."互联网＋"视域下跨境电商生态圈构建思路探析 ［J］.商业经济研究（34）:75-76.

［142］ 张薇,2016.平台战略视角下我国跨境电商生态圈布局规划 ［J］.商业经济研究（18）:87-88.

［143］ 宋丽红,2016.跨境电商服务平台竞争力的构成、功能与提升 ［J］.经营与管理（4）:51-53.

［144］ SU-YOUNG K，MIE J K，2018b. A study on the repurchase intention of Korean college students in cross-border B2C e-commerce

［J］. The e-business studies, 19（1）: 263-283.

［145］LKHAASUREN M, KYUNG-DOO N, DONG-OCK B, 2018. The effect of Korean country image and culture contents favor on mongolian customers' cross-border online purchase intention in Korean products ［J］. The journal of international trade & commerce, 14（1）: 1-21.

［146］ZHAO D, 2013. Big data and business analytics ［M］. Boca Raton: Chemical Rubber Company.

［147］CONSTANTIOU I D, KALLINIKOS J, 2015. New games, new rules: big data and the changing context of strategy ［J］. Journal of information technology, 30（1）:44-57.

［148］BARRETT M, DAVIDSON E J, PRABHU J, et al., 2015. Service innovation in the digital age: key contributions and future directions ［J］. Mis quarterly, 39（1）:135-154.

［149］王惠敏,2015.大数据背景下电子商务的价值创造与模式创新 ［J］.商业经济研究（7）: 76-77.

［150］刘志超,陈勇,姚志立,2014.大数据时代的电子商务服务模式革新 ［J］.科技管理研究（1）: 31-34.

［151］王碧宏,2014.大数据时代下跨境电商发展的影响因素研究 ［J］.佳木斯职业学院学报（12）: 188-189.

［152］KOUTSABASIS P, STAVRAKIS M, VIORRES N, et al., 2008. A descriptive reference framework for the personalisation of e-business applications ［A］. Electronic commerce research, 8（3）: 173-192.

［153］DAVENPORT T H, PATIL D J, STAFFORD M, et al., 2012. Hot jobs: data scientist: interaction ［J］. Harvard business review, 90（12）:16-17.

［154］BUGHIN J, CHUI M, MANYIKA J, 2010. Clouds big data, and smart assets: ten tech-enabled business trends to watch ［J］. Mckinsey quarterly, 56:26-43.

［155］张栋,2014.大数据时代下电子商务发展的机遇和挑战［J］.对外经贸（11）：85-86.

［156］韦群锋,2015.大数据时代的电子商务平台模式研究［J］.经济研究导刊（9）：228-229.

［157］周敏,2016.大数据背景下的电子商务创新模式探析［J］.价格月刊（3）：71-74.

［158］冯芷艳,郭迅华,曾大军,2013.大数据背景下商务管理研究若干前沿课题［J］.管理科学学报（1）：1-9.

［159］黄升民,刘珊,2012."大数据"背景下营销体系的解构与重构［J］.现代传播（中国传媒大学学报）（11）：13-20.

［160］徐国虎,孙凌,许芳,2013.基于大数据的线上线下电商用户数据挖掘研究［J］.中南民族大学学报（自然科学版）（2）：100-105.

［161］刘敬严,赵莉琴,李占平,2015.新常态下"互联网＋"物流业发展转型分析［J］.物流技术（11）：41-43.

［162］高源,张桂刚,2014.基于大数据的网络营销对策研究［J］.湖北经济学院学报（人文社会科学版）（2）：66-68.

［163］贾利军,许鑫,2013.谈"大数据"的本质及其营销意蕴［J］.南京社会科学（7）：15-21.

［164］梁红波,2014.云物流和大数据对物流模式的变革［J］.中国流通经济（5）：41-45.

［165］金晓彤,王天新,杨潇,2013.大数据时代的联动式数据库营销模式构建——基于"一汽大众"的案例研究［J］.中国工业经济（6）：122-134.

［166］李巍,席小涛,2014.大数据时代营销创新研究的价值、基础与方向［J］.科技管理研究（18）：181-184.

［167］王波,吴子玉,2013.大数据时代精准营销模式研究［J］.经济师（5）：14-16.

［168］陈怡,林春回,2005.我国国际服务贸易统计体系问题研究［J］.华侨大学学报（哲学社会科学版）（1）：78-84.

［169］万光彩,刘莉,2007."原产地"统计原则、"所有权"统计原则与中

美贸易不平衡 [J].财贸经济（1）：116-122.

[170] 高敏雪,许晓娟,2010.将外国商业存在引入国际贸易统计——针对中国
对外货物贸易统计的研究与数据重估 [J].统计研究（7）：18-24.

[171] 李昕,2012.贸易总额与贸易差额的增加值统计研究 [J].统计研究
（10）：15-22.

[172] 贾怀勤,2012.中国贸易统计如何应对全球化挑战——将增加值引入贸
易统计:改革还是改进？ [J].统计研究（5）:10-15.

[173] 王岚.全球价值链背景下的新型国际贸易统计体系及其对中国的启示
[J].国际经贸探索，201（11）：53-64.

[174] 林玲,葛明,赵素萍,2013.基于演进视角的中国属权贸易利益统计研究
[J].国际贸易问题（11）：45-53.

[175] 邓军,2014a.所见非所得:增加值贸易统计下的中国对外贸易特征
[J].世界经济研究（1）：35-40.

[176] 邓军,2014b.中国出口中增加值的来源地和目的地——基于增加值贸
易的视角 [J].浙江社会科学（8）：18-31.

[177] 曾鸿,2005.电子商务统计指标体系构建探索 [J].中国管理信息化
（9）：36-37.

[178] 杨坚争,郑碧霞,杨立钒,2014.基于因子分析的跨境电子商务评价指标
体系研究 [J].财贸经济（9）：94-102.

[179] 杨希,2012.浅析电子商务背景下如何统计商品零售额 [J].中国商贸
（28）：153-154.

[180] 谌楠,2014.电子商务等平台经济的统计方法与监管问题探讨——以上
海市为例 [J].电子商务（11）：15-17.

[181] 于寅生,吕雷,2015.改革和完善电子商务统计制度的思考 [J].统计
与管理（10）：91-92.

[182] 曾轶雄,2016.顺应"互联网＋"发展趋势探索电子商务统计新思路
[J].统计科学与实践（1）：51-58.

[183] 陈云波,2013.在国际电子商务发展趋势下的中国跨境电子商务发展趋
势探讨 [J].商（13）：253-259.

［184］ 杨坚争，刘涵，2014.我国不同规模企业跨境电子商务应用状况调查分析［J］.当代经济管理（1）：25-29.

［185］ 王外连，王明宇，刘淑贞，2013.中国跨境电子商务的现状分析及建议［J］.电子商务（9）：23-24.

［186］ 杨坚争，于露，2014.我国外贸企业跨境电子商务的应用分析［J］.当代经济管理，36（6）：58-63.

［187］ 鄂立彬，黄永稳，2014.国际贸易新方式：跨境电子商务的最新研究［J］.东北财经大学学报（2）：22-31.

［188］ 冯亚楠，刘丹，2015.中国跨境电子商务发展现状及创新路径［J］.商业经济研究（31）：78-80.

［189］ 崔雁冰，姜晶，2015.我国跨境电子商务的发展现状和对策［J］.宏观经济管理（4）：65-67.

［190］ 孙蕾，王芳，2015.中国跨境电子商务发展现状及对策［J］.中国流通经济（3）：110-111.

［191］ 郑少微，杨琳琳，2015.浙江跨境电子商务发展的现状及对策研究［J］.中国商论（25）：83-85.

［192］ DUCH-BROWN N，MARTENS B，2015. Firm barriers to cross-border e-commerce in the EU digital single market［R］. Institute of Prospective Technological Studies，Joint Research Centre.

［193］ GOMEZ E，MARTENS B，TURLEA G，2013. Drivers and impediments for cross-border e-commerce in the EU［R］. Institute of Prospective Technological Studies，Joint Research Centre.

［194］ YOUSEFI A，2015. The impact of cross-border e-commerce on international trade［R］. International Institute of Social and Economic Sciences.

［195］ XUE W，LI D，PEI Y，2016. The development and current of cross-border e-commerce［J］. WHICEB 2016 proceedings，12（1）：53-59.

［196］ MARTENS B，TURLEA G，2012. The drivers and impediments for online cross-border trade in goods in the EU［R］. Digital Economy

Working Paper.

[197] ASOSHEH A，SHAHIDI-NEJAD H，KHODKARI H，2012. A model of a localized cross-border e-commerce ［J］. iBusiness （2）：136-145.

[198] 王林,杨坚争,2014.跨境电子商务规则需求影响因素实证研究［J］. 当代经济管理（9）：18-23.

[199] 杨坚争,2016.世界市场的二元化与我国跨境电子商务发展策略研究 ［M］.1 版.上海：立信会计出版社.

[200] 赵志田,杨坚争,2014.中小制造企业跨境电子商务能力识别、检验与 综合评价［J］.系统工程（10）：53-62.

[201] 熊励,赵露,孙文灿,等, 2016.跨境电子商务评价体系与实证研究 ［J］.电子商务（7）:25-28.

[202] 熊励, 杨璐,2016.上海跨境电子商务平台发展的动力机制及策略 ［J］.科技管理研究（13）：35-39.

[203] 上海市工商局课题组,2017.我国跨境电子商务发展现状与监管对策研 究［J］.中国市场监管研究（2）:32-36.

[204] 谢秋慧,王小健,2016.跨境电子商务贸易便利化风险监管策略的探索 ［J］.电子商务（12）：85-87.

[205] 林虎,2016.跨境电子商务发展面临的挑战及应对［J］.现代经济信息 （7）：33-34.

[206] 王慧,2016.跨境电子商务与物流融合的困境及对策［J］.商业经济研 究（1）：69-71.

[207] 来有为,2016.我国跨境电子商务的发展趋势和发展政策［J］.发展研 究（4）：4-6.

[208] 赵冠一,2015.中国跨境电商物流及监管研究［D］.天津：天津财经 大学.

[209] 逯宇铎,徐延峰,李丽丽,2016.跨境电子商务项目风险识别及其评价模 型研究［J］.项目管理技术（5）：117-122.

[210] 向敏,冯明君,2008.金融电子商务风险全面管理［C］.中国信息经济

学会学术年会.

［211］ FISHBEIN M，AJZEN I，1975. Belief，attitude，intention，and behavior：an introduction to theory and research ［M］. MA：Addison-Wesley.

［212］ YI M Y，JACKSON J D，PARK J S，2006. Understanding information technology acceptance by individual professionals：toward an integrative view ［J］. Information & management，43（3）：350-363.

［213］ VENKATESH V，BALA H，2008. Technology acceptance model 3 and a research agenda on interventions ［J］. Decision sciences，39（2）：273-315.

［214］ DAVIS F D，VENKATESH V A，1996. Critical assessment of potential measurement biases in the technology acceptance model：three experiments ［J］. International journal of human-computer studies，45（1）:19-45.

［215］ MA Q，LIU L，2004. The technology acceptance model：a meta-analysis of empirical findings ［J］. Journal of organizational and end user computing，16（1）:59-72.

［216］ 鲁耀斌,徐红梅,2006.技术接受模型的实证研究综述 ［J］.研究与发展管理,18（3）: 93-99.

［217］ 闵庆飞,刘振华,季绍波,2008.信息技术采纳研究的元分析 ［J］.信息系统学报,2（2）: 1-10.

［218］ BIRTOLO C，RONCA D，2013. Advances in clustering collaborative filtering by means of fuzzy c-means and trust ［J］. Expert systems with applications，40（17）:6997-7009.

［219］ 王伟,王洪伟,孟园,2014.协同过滤推荐算法研究:考虑在线评论情感倾向 ［J］.系统工程理论与实践（12）:3238-3249.

［220］ LI Y S，SONG M N，HAI-HONG E，et al.，2014. Social recommendation algorithm fusing user interest social network ［J］.

The journal of China universities of posts and telecommunications，21
（1）：26-33.

[221] LEE Y H，HU J H，CHENG T H，et al.，2012. A cost-sensitive technique for positive-example learning supporting content-based product recommendations in B-to-C e-commerce [J]. Decision suport systems，53（1）：245-256.

[222] ILLIG J，HOTHO A，JASCHKE R，et al.，2011. A comparison of content-based tag recommendations in folksonomy systems [J]. Knowledge processing and data analysis [J]. Lecture notes in computer science（11）：6136-6149.

[223] SUN Z B，HAN L X，HUANG W L，et al.，2015. Recommender systems based on social networks [J]. Journal of systems and software（15）：109-119.

[224] WEN H，FANG L，GUAN L，2012. A hybrid approach for personalized recommendation of news on the Web [J]. Expert systems with applications，39（5）：5806-5814.

[225] 朱国玮,周利,2012.基于遗忘函数和领域最近邻的混合推荐研究 [J].管理科学学报,15（5）：55-64.

[226] CHEN W，RICHARD K，SIMON F，2013. Web 2.0 recommendation service by multi-collaborative filtering trust network algorithm [J]. Inf syst front（13）：533-551.

[227] WANG J C，CHIU C C，2008. Recommending trusted online auction sellers using social network analysis [J]. Expert systems with applications，34（3）：1666-1679.

[228] 乔秀全,杨春,李晓峰,等,2011.社交网络服务中一种基于用户上下文 的信任度计算方法 [J].计算机学报,34（12）：2403-2413.

[229] LI Y M，HSIAO H W，LEE Y L，2013. Recommending social network applications via social filtering mechanisms [J]. Information sciences（239）：28-30.

［230］ JENNIFER G，JAMES H，2006. Inferring binary trust relationships in web-based social networks ［J］. ACM transactions on internet technology，6（4）:497-529.

［231］ 邹本友,李翠平,谭力文,等,2014.基于用户信任和张量分解的社会网络推荐［J］.软件学报,25（12）:2852-2864.

［232］ 陈克寒,韩盼盼,吴健,2013.基于用户聚类的异构社交网络推荐算法［J］.计算机学报,36（2）:349-359.

［233］ 鲁钊阳,2018.跨境农产品电商发展影响因素的实证研究［J］.国际贸易问题（4）:117-127.

［234］ 刘敏姣,2017.中小企业开展出口跨境电商的影响因素及对策分析［J］.中国商论（5）:89-91.

［235］ 杨云鹏,杨坚争,张璇,2018.跨境电商贸易过程中新政策法规的影响传播模型［J］.中国流通经济,32（1）:55-66.

［236］ CHEN N，YANG J Z，2017. Mechanism of government policies in cross-border e-commerce on firm performance and implications on m-commerce ［J］. International journal of mobile communications，15（1）: 69-84.

［237］ 赵骏,干燕嫣,2017.变革中的国际经贸规则与跨境电商立法的良性互动［J］.浙江大学学报（人文社会科学版）,47（6）:88-102.

［238］ HAUBL G，TRIFTS V，2000. Consumer decision making in online shopping environments:the effects of interactive decision aids ［J］. Marketing science，19（1）:4-21.

［239］ WOLFINBARGER M，GILL Y M，2001. Shopping online for freedom，control，and fun ［J］. California management review，43（2）: 34-55.

［240］ SHIM S，EASTLICK M，LOTZ S，2001. An online pre-purchase intentions model:the role of intention to search ［J］. Journal of retailing（77）: 397-416.

［241］ PHAU I，POON S，2000. Factors influencing products and services purchased over the internet [J]. Internet research, 10（2）: 102-113.

[242] HODKINSON C, KIEL G, MCCOLL-KENNEDY J, 2000. Consumer web search behaviour: diagrammatic illustration of wayfinding on the web [J]. International journal of human-computer studies（52）:805-830.

[243] LU X, LI Y, ZHANG Z, et al., 2014. Consumer learning embedded in electronic word of mouth [J]. Journal of electronic commerce research,15（4）:300-316.

[244] CEZAR A, OGUT H, 2014. Do domestic and international customers behave alike in online hotel booking?［J］. Journal of electronic commerce research, 15（3）: 225-240.

[245] KIM K, CHOI Y, PARK J, 2014. A conditional feature utilization approach to itemset retrieval in online shopping services [J]. Journal of electronic commerce research, 15（4）: 317-338.

[246] CRABTREE B, SOLTYSIAK S, 1998. Identifying and tracking changing interests ［J］. International journal of digital libraries, springer verlag（2）:38-53.

[247] WIDMER G, KUBAT M, 2005. Learning in the presence of concept drift and hidden context [J]. Machine learning（23）: 69-101.

[248] LEE C, TSAI C, HSIEH C, 2008. Detecting drifting concepts on the internet [J]. Journal of internet technology, 9（3）:229-236.

[249] MALOOF M, MICHALSKI R, 2006. Selecting example for partial memory learning [J]. Machine learning（41）:27-52.

[250] KOYCHEV I, SCHWAB I, 2007. Adaptation to drifting user's interests ［J］// ECML 2005 Workshop. Machine learning in new information age. barcelona, spain:39-45.

[251] DING Y, LI X, 2005. Time weight collaborative filtering ［C］// CIKM2005 proceeding of the 14th ACM international conference on information and knowledge management. New York, NY, USA:

ACM Press.

[252] WANG S, GAO W, LI J, et al., 2003. Mining interest navigation patterns based on hidden markov model [J]. Chinese journal of computers, 24 (2) :152-157.

[253] QU Y, LU Q, 2014. Effectively mining network traffic intelligence to detect malicious stealthy port scanning to cloud servers [J]. Journal of internet technology, 15 (5) :841-852.

[254] YU S, 2010. Hidden semi-markov models [J]. Artificial intelligence, 174 (2) :215-243.

[255] AHMED C F, TANBEER S K, JEONG B, et al., 2011. A framework for mining interesting high utility patterns with a strong frequency affinity [J]. Information sciences, 181 (21) :4878-4894.

[256] WU X, LI P, HU X, 2012. Learning from concept drifting data streams with unlabeled data [J]. Neurocomputing, 92 (1) : 145-155.

[257] NICOLETTI M, SCHIAFFINO S, GODOY D, 2013. Mining interests for user profiling in electronic conversations [J]. Expert system application, 40 (2) :638-645.

[258] KIM H, 2005. Learning implicit user interest hierarchy for Web personalization [D]. Florida: Florida Institute of Technology.

[259] WU J, XIONG Z, 2006. A portal-oriented personalized recommendation using meta-recommender engine [C]. Proceedings of 2006 international conference on artificial intelligence, Beijing.

[260] ZHOU B, HUI S, FONG A, 2005. Discovering and visualizing temporal-based Web access behavior [C]. Los Alamitos, CA: IEEE Computer Society Press.

[261] CHEN X F, GE X B, MA G J, 2016. Network shopping user behavior analysis based on data mining [J]. Journal of Mudanjiang normal university ( natural sciences edition ) ( 9401 ) :32-35.

[262] The quantity of Internet users reached up to a 772 million, the

penetration rate of Internet is 55. 5％ ［EB/OL］. （2017-12-04）
［2018-03-26］. http：//www. chyxx. com/industry/201712/589156.
html.

［263］ The size of China's online shopping users reached 506 million as of
December 2017 ［EB/OL］. （2018-01-31）［2018-05-11］. http：//
www. cac. gov. cn/2018-01/31/c_1122346138. html.

［264］ SISMEIRO C，RANDOLPH E B，2004. Modeling purchase behavior
at an e-commerce web site：a task-completion approach ［J］. Journal
of marketing research，5（2）：306-323.

［265］ MOE W W，PETER S F，2004. Dynamic conversion behavior at e-
commerce sites ［J］. Management science，50（3）：326-335.

［266］ MORGANOSKY M A，CUDE B J，2000. Consumer response to
online grocery shopping ［J］. International journal of retail &
distribution management，3（1）：165-172.

［267］ LV XIAO-LING，WU XI-ZHI，2007. Electronic commerce customer
web shopping behavior mining ［J］. Statistics & information forum，
22（3）：29-32.

［268］ HASAN B，2016. Perceived irritation in online shopping：the impact
of website design characteristics ［J］. Computers in human behavior，
54：224-230.

［269］ LIM Y I，OSMAN A，SALAHUDDIN S N，et al. ，2016. Factors
influencing online shopping behavior：the mediating role of purchase
intention ［J］. Procedia economics and finance，35：401-410.

［270］ MALIK G，GUPTHA A，2013. An empirical study on behavioral
intent of consumers in online shopping ［J］. Business perspectives &
research，2（1）：13-26.

［271］ JIANG M，CUI P，WANG F，et al. ，2014. Scalable recommendation
with social contextual information ［J］. IEEE transactions on
knowledge and data engineering，26（11）：2789-2802.

［272］ SUN Z B，HAN L X，HUANG W L，et al.，2015. Recommender systems based on social networks ［J］. Journal of systems and software，99：109-119.

［273］ LI H，MA XIAO-PING，SHI JUN，2016. Incorporating trust relation with PMF to enhance social network recommendation performance ［J］. International journal of pattern recognition and artificial intelligence，30（6）：1-13.

［274］ JHAMB Y，FANG Y，2017. A dual-perspective latent factor model for group-aware social event recommendation ［J］. Information processing & management，53（3）：559-576.

［275］ XU C H，2018. A novel recommendation method based on social network using matrix factorization technique ［J］. Information processing and management，54（3）：463-474.

［276］ 亿邦动力网.国务院在 22 个城市新设跨境电商综合试验区 ［EB/OL］. http://www.ebrun.com/20180713/286352.shtml.

［277］ MARTENS B，TURLEA G，2012. The drivers and impediments for online cross-border trade in goods in the EU ［R］. Sevilla：Institute for Prospective Technological Studies.

［278］ ASOSHEH A，SHAKIDI-NEJAD H，KHODKARI H，2012. A model of a localized cross-border e-commerce ［J］. iBusiness，4（2）：136-145.

［279］ 杨坚争,于露,2014.我国外贸企业跨境电子商务的应用分析 ［J］.当代经济管理 （6）：58-63.

［280］ 杨斌,丁建定,2019.全面实施全民参保计划背景下扩大失业保险覆盖面研究 ［J］.江西财经大学学报 （1）：74-81.

［281］ 樊宝敏,董源,2001.中国历代森林覆盖率的探讨 ［J］.北京林业大学学报 （4）：60-65.

［282］ 何满潮,谢和平,彭苏萍,等,2005.深部开采岩体力学研究 ［J］.岩石力学与工程学报 （16）：2803-2813.

［283］丁振辉,翟立强,2016.高竞争力产品复杂度覆盖率:贸易质量新指标——基于中日两国的比较［J］.国际商务研究,37（2）:30-38.

［284］赵颖,2016.提高贵宾客户产品交叉渗透率的建议［J］.现代金融（6）:56.

# 致　谢

感谢商务部、财政部、国家自然科学基金委，杭州市委组织部、中国（杭州）跨境电商综试区建设领导小组办公室、杭州市商务局、浙江工商大学和对外经济贸易大学等相关领导的支持、关心、帮助和指导。

本书第 3 章是作者与广西财经学院胡军博士、浙江经济职业技术学院王杰博士共同讨论撰写完成；第 5 章是作者与杭州跨知通知识产权服务有限公司高进军先生，浙江工商大学费玉莲博士、陈庭贵博士、许翀寰博士共同撰写完成；第 6 章是作者在连连银通电子支付有限公司李承雨先生、应俊先生、朱军先生、陈海平女士执笔的基础上修改撰写而成；第 7 章是作者与浙江工商大学费玉莲博士，杭州市跨境电商综试办管理服务中心潘思蔚、丁玲玲女士共同撰写完成；第 8 章是作者在浙江工商大学周钰承先生执笔的基础上修改而成。 对外经济贸易大学王健教授，阿里研究院欧阳澄先生，中国财税博物馆冯立松先生、周曌醴先生、周苗苗女士对其中部分内容提出了宝贵的建议。其余章由两位作者撰写。

研究中部分政策建议来源于网易考拉、天猫国际、杭州厉欧跨境电子商务有限公司、杭州望恒供应链管理有限公司、杭州绿豆电子商务有限公司、杭州跨境电子商务下沙园区、杭州跨境电子商务空港园区、杭州下城跨贸小镇管委会、浙江集商优选电子商务有限公司、杭州易宠科技有限公司、浙江跨贸小镇建设投资发展有限公司、贝贝集团、"年糕妈妈"公众号、杭州心怡仓储服务有限公司、杭州海仓科技有限公司、杭州华田电子商务有限公司、杭州中外运电子商务有限公司、杭州海销供应链管理有限公司、杭州翔天供应链有限公司、杭州如意仓电子商务有限公司、浙江物产热选、杭州外德进出口有限公司、杭州多拉供应链有限公司、云集共享科技有限公司、浙江佳成通跨境供应链管理有限公司、杭州泛远国际物流股份有限公司、杭州张瑜互联网＋创业园、佛山豪门旺族门窗、杭州柏谷婚礼、杭州绿波生物、杭州优淘购物、北京花刊花艺工作室、浙江嵊州市叶峰茶业、杭州马克童画、杭州终结者科技、杭州至印教育科技、杭州匠人网络、上海八泉科技、杭州保盒科技等及相关政府监管部门提供的素材。

感谢杭州跨境电商综试办施黄凯、陈卫菁、韩伟、余坚、童洪文、杨一然、梁霖、武长虹、陈健、王苏宁、金方增、盛磊、刘伟、龚智磊、金华珊、金科、吕琛荣、葛一波、刘志刚、潘思蔚、丁玲玲、郭玮、陈婷、杨丹、周晨霞、彭超、赵靓雯、包伟明等领导的指导。感谢杭州市委组织部毛溪浩部长、徐小林常务副部长、胡明毫处长、尹凡处长、蒋蕾科长、余君老师、岑益郎老师、邵頔老师、潘恩安老师、张文星老师、戴晓霞老师、张淼老师、陈无风老师、鲍宗客老师、戴道昆老师、张启鹏老师、胡淼老师、邹昕瑶老师、李廷老师、傅剑老师、付传清老师、傅尧力老师、屠立达老师、马福君老师、刘良模老师的鼓励。感谢浙江工商大学金一斌书记、陈寿灿校长、李军副书记、刘翔部长、方向明部长、丁一志部长、陈世伟副部长、倪彦平副部长等有关领导、各部门同仁的关心。你们无微不至的帮助、孜孜不倦的教诲对本研究的顺利完成至关重要。要感谢的人还有很多很多，限于篇幅，请恕在此不能一一提名感谢。

本书在撰写过程中，参考并借鉴了众多学者的研究成果，谨在此表达诚挚谢意。同时，也非常感谢浙江省一流学科 A 类——统计学、管理科学与工程，中国博士后基金（编号：2018M632497）和浙江博士后基金（编号：2017-117）的支持，以及出版社的编辑和有关工作人员付出的辛勤劳动。

由于本研究领域政策法规、知识、实践更新很快，加之作者的学识和水平有限，尽管付出了很大的努力，但是书中难免存在疏漏、不当之处，欢迎读者批评指正。

周广澜

2019 年 9 月